快手运营实操手记

普通人如何掘金快手

庞金玲 著

机械工业出版社

在短视频领域,快手几乎是门槛最低的内容创作平台,以下沉市场为主要目标的快手尽力将分享与记录的快门键交到每一位普通人的手里。可门槛再低,新手也需要有一位"引路人",否则盲目跟风探索,会消耗自身的精力与热情,难以真正窥见成功之路。

因此,如何在快手上迈出掘金的第一步,成了每一位想要入局之人心中最大的疑问。

本书虽浅显易懂却触及运营深处,结合诸多真实案例,从多个角度对快手的运营之路进行了详尽的剖析。在图表与实例的配合下,深入探讨了普通人或团队应如何依靠快手的平台优势实现变现,为读者提供了一份即学即用的快手运营实操手记。无论是尚在门外的"小白"、身处行业中的"过来人",还是经验老到的快手达人,都能在本书中找到可供借鉴的方法。

图书在版编目(CIP)数据

快手运营实操手记:普通人如何掘金快手 / 庞金玲著. — 北京:机械工业出版社,2021.12
ISBN 978-7-111-69549-3

Ⅰ.①快… Ⅱ.①庞… Ⅲ.①网络营销 Ⅳ.①F713.365.2

中国版本图书馆CIP数据核字(2021)第230695号

机械工业出版社(北京市百万庄大街22号 邮政编码100037)
策划编辑:蔡欣欣　　　　　　　责任编辑:蔡欣欣
责任校对:张莎莎　李　婷　　　责任印制:常天培
北京机工印刷厂印刷

2022年2月第1版第1次印刷
169mm×239mm・13印张・163千字
标准书号:ISBN 978-7-111-69549-3
定价:69.90元

电话服务　　　　　　　　　　　网络服务
客服电话:010-88361066　　　　机　工　官　网:www.cmpbook.com
　　　　　010-88379833　　　　机　工　官　博:weibo.com/cmp1952
　　　　　010-68326294　　　　金　书　网:www.golden-book.com
封底无防伪标均为盗版　　　　　机工教育服务网:www.cmpedu.com

前 言
Preface

作为短视频赛道上的两大"龙头"之一,快手于2021年2月5日成功在港交所挂牌上市,成了当之无愧的"短视频第一股"。快手创始人兼首席产品官程一笑曾有言,快手不是为明星而存在,也不是为"大V"而存在,而是为最普通的用户而存在。

商场如战场,尤其是在如今攫取流量似乎成了每个平台向前发展的主要途径。于是,各大平台为了迅速"出位",开始利用名人不断吸引用户的注意力。普通用户逐渐丧失了表达自我的舞台。

在这种背景下,快手犹如一股清流,始终相信"每个人都值得被记录",并且真正将所有普通人划入"每个人"的范畴之中。

2020年以来,抖音加速自身封闭生态建设,进一步缩紧流量扶持政策,导致中小运营者能够获得的流量日益减少,甚至开始"入不敷出";视频号的起点非常高,大批微信公众号"大V"涌入,使得竞争迅速白热化;B站"圈地自萌",但不熟悉B站文化的运营者难以进入……这便是短视频行业巨头平台的现状,是许多人难以"出圈"的关键。

在短视频领域,快手是平均日活跃用户数排名第二的短视频平台,2021年1月,快手日活跃用户数达到2.58亿。许多普通人通过在快手上分享生活，成了网红。这其中有些人原本由于各种原因没有接受良好的教育，职业发展受限，借助快手这个平台，不仅自身得到了发展，还成了许许多多快手用户的前进动力和榜样。

在直播领域，快手是打赏流水及直播平均月付费用户最多的直播平台。仅2020年10月，快手直播礼物榜TOP10的运营者收到的打赏总额，就已超过5000万元，其中的第一名"洋洋洋MJ"收获了3690.46万元的打赏。

在电商领域，快手是商品交易总额排名第二的直播电商平台。商家、生产者与运营者之间建立了良好的合作关系，在为广大快手用户提供物美价廉的商品的同时，他们也实现了不菲的收入。

那么，一个新的问题摆到了人们眼前，普通人究竟如何在快手上获得财富？

本书针对快手的市场优势与现状，对快手运营的方式方法进行了较为详细完整的剖析，其中既包括理论上的优势分析、生态解构等，也包括实操上的创意策划、运营技巧、商业变现等方法详述。内容紧跟时事动态，以全新的视角帮助读者深入了解快手的生态现状与运行机制，并为普通人入局快手提供了清晰、严谨的方向规划与实操指导。

本书主要有以下几大特色。

图文并茂，精准透彻

本书采用图文结合的形式，将复杂、抽象的内容具象化，方便读者透彻理解，提高了相关内容的可读性，让每一位有心入局的准运营者都可以轻松了解相关知识。

入门轻松，即看即懂

本书内容由浅至深，既能让新手运营者即看即懂，快速进入角色，也能为快手运营高手提供富有价值的思路与信息，能使不同层次的读者均有所收获。

体系完整，内容丰富

本书从快手的基础信息入手，对快手的过去、现在及未来发展的方向都有阐述，且对其各项功能、生态特色、引流推广、粉丝运营、流量变现等内容都进行了较为详尽的阐述与分析，为读者预见了大量可能会在快手运营过程中遇到的问题，并给出了相应的解决方法。完整的内容体系将帮助读者在成为快手运营者的过程中少走弯路。

多样案例，新颖解读

本书精心挑选了大量具有代表性且风格、方向各异的真实案例，结合快手"接地气"的平台特质，对许多快手达人进行了文风新颖的解读，力争让读者学到更多干货知识。

希望本书所言的诸多快手运营方式、策略，可以为所有读者提供明确的方向与"硬核"的方法，让"小白"轻松入局，让探索者走出困境，让高手如虎添翼。

目录
Contents

前言

第 1 章 进击的快手

1.1 快手凭什么冲击"短视频第一股" ...002
- 1.1.1 日活数超高,用户基数大 ...003
- 1.1.2 占据下沉市场,用户黏性强 ...004
- 1.1.3 普惠式算法,人人皆有机会 ...006

1.2 快手运营的商业价值 ...008
- 1.2.1 三个途径,变现方式多样 ...008
- 1.2.2 双引擎,变现效率更高 ...013
- 1.2.3 一核心:变现能力更强 ...015

1.3 快手与其他内容平台的区别 ...017
- 1.3.1 用户主体差异 ...017
- 1.3.2 算法机制差异 ...020
- 1.3.3 平台生态差异 ...023
- 1.3.4 带货模式差异 ...027

第 2 章　快手上的那些红人是怎么火起来的

2.1　二龙湖浩哥：从"草根"到"草根"（娱乐搞笑类）　...032

  2.1.1　结合自身特质，找准目标市场　...032

  2.1.2　借助官方宣传，获得更多认可　...034

  2.1.3　保持初心，用信念团结粉丝　...036

2.2　潘姥姥：四大"美"成就地标级流量（美食制作类）　...037

  2.2.1　人美，第一眼吸睛　...038

  2.2.2　食美，高质量的内容产出　...040

  2.2.3　景美，为官方引流创造良好契机　...041

  2.2.4　情美，引发粉丝的深层共情　...043

2.3　泥巴哥（腾哥）："现代化"的传统手艺人（手工技艺类）　...045

  2.3.1　挖掘技能优势，找准内容定位　...046

  2.3.2　难能可贵的责任感，赢得更多人的支持　...048

  2.3.3　创新内容，冲出传统手艺的舒适圈　...050

2.4　逆袭丁姐：火力全开的"40+"女性　...052

  2.4.1　拒绝同质化，传播正能量　...053

  2.4.2　摒弃虚假人设，用真实的态度增强信任感　...057

2.5　养狼姑娘：展示另一种独特活法（日常分享类）　...058

  2.5.1　另辟蹊径，激发用户的好奇心　...058

  2.5.2　注重细节，提高用户留存率　...060

  2.5.3　致力公益，塑造社会责任感　...062

第3章 不一样的快手内容生态

3.1 快手告别"土味内容文化" ...066
3.1.1 "去家族化",引入成熟MCN ...066
3.1.2 "破圈运动",淡化"土味"标签 ...068

3.2 快手最受欢迎的六类内容 ...070
3.2.1 搞笑娱乐,做生活的调味剂 ...071
3.2.2 利用颜值吸睛 ...072
3.2.3 技能才艺,用才能赢得关注 ...073
3.2.4 励志情感,人生离不开正能量 ...073
3.2.5 萌宠萌娃,扑面而来的可爱气息 ...074
3.2.6 时闻热点,即刻引爆话题 ...075

3.3 新晋三大网红内容领域:快手小剧场+快手课堂+快手非遗 ...078
3.3.1 快手小剧场:深挖短视频内容市场,实现多元掘金 ...078
3.3.2 快手课堂:最实用的社会课堂 ...085
3.3.3 快手非遗:1+1>2,让快手与"守艺人"一同被看见 ...090

3.4 快手内容三大指数的加权规则 ...097
3.4.1 推荐指数:快手的独特机制 ...097
3.4.2 影响力指数:全方位,综合考虑 ...099
3.4.3 用户指数:精准定位,有效引流 ...100

第4章 三种变现方式,迅速上手变现

4.1 直播达人变现 ...104

4.1.1　直播变现的两种途径　　...104

　　4.1.2　带货选品的四个标准　　...108

　　4.1.3　带货选品的两大方法　　...115

　　4.1.4　带货选品的两类辅助网站　　...126

　　4.1.5　直播环节的话术技巧　　...131

4.2　短视频达人变现　　...134

　　4.2.1　形式多样的广告变现　　...135

　　4.2.2　事半功倍的矩阵模型　　...140

4.3　个人 IP 变现　　...143

　　4.3.1　个人 IP 的商业价值　　...143

　　4.3.2　基础方式：出售影响力　　...145

　　4.3.3　进阶方式：出售产品　　...145

　　4.3.4　衍生方式：出售时间　　...146

第 5 章　普通人掘金实操

5.1　如何从零开始做快手运营者　　...148

　　5.1.1　快手账号的运营定位　　...148

　　5.1.2　快手账号的注册方式　　...156

　　5.1.3　快手账号的装修指南　　...158

　　5.1.4　快手账号的内容要点　　...162

　　5.1.5　快手账号的养号规则　　...171

5.2　如何在快手上"圈粉"　　...173

　　5.2.1　本人出镜，增强用户的信任感　　...173

　　5.2.2　稳定更新，培养用户的观看习惯　　...174

| | | 5.2.3 | 合理互动，建立与用户的老友关系 | ...176 |
| | | 5.2.4 | 用心产出，维持内容的精彩 | ...176 |

5.3 快手的六大引流方式 ...179

  5.3.1 购买官方推广 ...179
  5.3.2 福利优惠 ...181
  5.3.3 引导用户裂变 ...182
  5.3.4 建立账号矩阵 ...182
  5.3.5 直播间打榜 ...184
  5.3.6 多平台发放内容 ...184

5.4 快手掘金的两大榜样玩法 ...185

  5.4.1 三只松鼠：创新模式，凸显品牌价值 ...185
  5.4.2 御儿.（古风）：投身直播，走通多元变现之路 ...188

后记 ...194

第1章
进击的快手

短视频行业在过去的数年里市场竞争激烈,各大平台纷纷使出浑身解数试图分得更多的"羹"。而诞生于2011年3月的快手,最初不过是一款动图制图应用,却成长为如今行业里让人不容忽视的"巨头"。

1.1 快手凭什么冲击"短视频第一股"

2021年1月26日,快手正式在香港启动公开招股,引发抢购热潮,随即快手于2月5日成功在港交所挂牌上市。在此之前,快手已然在短视频阵地上打出了冲击"短视频第一股"的旗号,而上市仿佛是在为快手吹响披荆斩棘的号角。

在此次IPO申请中,快手官方主要阐述了现阶段自身的三大特质,如图1-1所示。

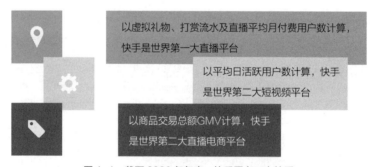

图1-1 截至2020年年底,快手平台三大特质

显而易见,即便短视频市场正逐渐呈现饱和化的趋势,但快手仍

然以明显优势占据着行业领先的位置。在行业压力与风险如影随形的现阶段，快手在行业尖端做到坐如钟，则不得不归功于在背后助力快手冲击"短视频第一股"的三大"推力"。

1.1.1 日活数超高，用户基数大

快手在成功转型为短视频社区后，于 2015 年首次迎来自己的飞速成长期，在不到一年的时间里便实现用户量从 1 亿到 3 亿的增长。2017 年 11 月，快手日活跃用户数超 1 亿，自此正式进入"日活亿级俱乐部"。来自五湖四海的用户不仅可以在平台上通过照片、短视频记录自己的日常生活，还可以通过直播与粉丝们实时互动。

快手官方数据显示，截至 2020 年 6 月底，快手的中国版 App 及相关小程序在 2020 年平均日活跃用户数已达 3.02 亿，平均月活跃用户数高达 7.76 亿，并在当年 6 月的中国移动互联网 App 月活跃净增用户规模排名榜单中成为当月唯一进入前五名的短视频平台。其中，快手应用的日均活跃用户便已达到 2.58 亿人，用户的日均使用时长超过 85 分钟。

同时，艾瑞数据显示，快手平台内容社区活跃度已在我国头部视频社交平台中位列第一，截至 2020 年 6 月底，快手的月平均短视频上传量便已超过 11 亿条，在 6 个月的时间里，用户已在快手平台进行了 10 亿场直播。

所有这些以亿计数的数据，都从快手强大的用户基数而来，超高的"日活"既代表着一个平台鲜活的生命力，也意味着比其他平台更多的机遇。快手是短视频行业的头部软件，它已成为许多人分享生活的重要社交平台。

1.1.2 占据下沉市场，用户黏性强

在网络飞速发展的阶段，几乎所有优秀的互联网公司都由一线城市逐步向二、三线城市辐射、拓展，唯有快手选择"反向"突破，从小城市着手，瞄准三、四线城市及乡镇、农村等下沉市场，致力于下沉市场的用户挖掘。

正如快手广告语"在快手，看见每一种生活"所言，无论生活在何处，拥有怎样的职业，每个人都能在快手找到自己感兴趣的人和事。快手对市场的选择取决于其一直以来的用户定位，对此，快手曾提出"社会平均人"的概念。

中国目前拥有超 14 亿人口，这些社会中的人有着极其复杂的成分构成，有富人、白领，也有小镇青年，更有许多埋头耕作的农民。当把这些人的所有特性"相加"后再进行"平均"，抽象为一个人来看时，这个人便相当于"社会平均人"。

快手创始人兼 CEO 宿华曾表示，中国实际上只有 7% 的人口生活在一线城市，而剩下的 93% 则全部生活在二、三线及以下城市，乃至乡镇、农村。因此快手平台的"社会平均人"便处于中国的非一线城市中。快手将用户定位为"社会平均人"，让它能在第一时间收割下沉市场，赢得更多用户的选择与信任。

正如腾讯董事会主席兼首席执行官马化腾所言："快手专注于服务普通人日常生活的记录和分享，拉近了人与人之间的距离，是中国移动互联网中一款非常贴近用户，有温度，有生命力的产品。"

普通人迅速在这个平台集结，并记录、分享自己的平凡生活，即使是简单的分享也能收获他人的关注与喜爱，如一个简单的葫芦丝制作短视频，即便发布者的账号不太起眼，也能在快手平台轻松收获上万个赞，如图 1-2 所示。

图 1-2 葫芦丝制作视频搜索页面

这些短视频更加符合普通大众的口味，可吸引不少流量，接地气的内容也能鼓励用户发现并尝试分享生活中的趣事，以此实现平台内容产出积极性的良性循环。快手始终在以多种方式强调这一点。某日快手官网页面，如图 1-3 所示。

图 1-3 某日快手官网页面

不难看出，快手对下沉市场的关注使其主体内容始终拥有接地气、生活化的特质，符合定位的内容在拉近用户之间距离的同时，也在进一步增强快手的用户黏性。而在快手，平台所追求的"有温度"不仅针对观看内容的用户，对于内容的创造者——快手运营者同样如此。

聚焦下沉市场可以让快手运营者更准确地判断与把握用户群体的喜好，也更方便他们与用户建立友好、平等的社群关系，与此同时，快手运营者还可以在自己的主页建立社群，与粉丝们近距离沟通，这一举措使得以社区信任关系为主驱动力的快手用户群体具备更高的忠诚度及留存率，最终实现用户黏性的提升。

1.1.3 普惠式算法，人人皆有机会

普惠式算法是快手平台立足短视频行业爆发风口的根基，快手之所以能在同类应用中脱颖而出，除了抢占行业先机外，还因其自始至终坚持流量去中心化的普惠式算法机制，为所有用户提供相对均等的机会。

快手创始人兼首席产品官程一笑曾说："快手这家公司之所以存在，就是希望可以连接社会上被忽略的大多数，快手不是为明星而存在，也不是为'大V'而存在，而是为最普通的用户而存在，快手的观点是，每个人都值得被记录，不只是明星和'大V'的生活需要被记录。"

为了实现产品的价值观逻辑，快手选择了普惠式算法作为其核心的流量分发机制。平台以"去中心化"思想为主要运营策略，实行"流量普惠"政策，将流量机会均分，增加普通用户被看到的机会，而当单一账号出现流量超高的情况时，则会对其限流,有效避免头部账号"独吞"流量的现象。

这种流量机制不仅能激励快手运营者积极进行内容创作、分享，还能保护他们的权益，因此可以持续鼓励更多用户加入，实现流量与内容的良性循环。这一点对于快手运营者而言十分可贵，尤其是新手，这将直接影响快手运营者的内容创作积极性——每一个普通的快手运营者都能通过努力轻松获得流量关注时，便能在平台中获得幸福感，收获理解，得到成长。

我曾在自己刚刚注册不久的"撰稿人读书会"账号上随手发布了一段关于营销思维的感想，并没有再做任何额外的推广，但没多久仍然获得了1000多次的播放量，如图1-4所示。

图1-4 "撰稿人读书会"某视频界面

由此可见，快手的确做到了人人皆有机会。在2017年的"思想跨年"晚会上，快手曾被这样点评：快手的社会价值在于记录中国。而在2018年"时间的朋友"跨年演讲上,主持人罗振宇也坦言:快手是"连接者"——那些最难被互联网世界连接的人、最难被记录的人,因为短视频,被接入了这个时代。

快手之所以能为这群"最难"的人建立这样的连接,便是因为相比其他短视频平台,快手把内容的选择权交到了用户手上,也将创作机会均分给了普通用户,让人人都有记录平凡的机会。

把机会留给"人人",让"人人"在互联网的记忆中留下不平凡的细节,正如快手所希望的:"每个人都有权参与记录这个世界,让它不再是少数人的权利。"

1.2 快手运营的商业价值

所有平台在拥有巨大流量之后都会开始思考适合自身的变现模式,快手也不例外。对此,快手商业生态的负责人徐晗曦曾表示,在快手庞大的运营者基数之下,快手运营者在建立自己与用户之间的连接时,逐步形成了富有真实感的社区氛围,这背后存在一种独特的商业价值。

徐晗曦说:"快手每天与商业需求相关的评论数超过190万,这仅仅是评论,我们非常自然地认为快手社区里的用户有着巨大的商业需求。"因此,在成为短视频平台的佼佼者后,快手开始着眼实现自己的商业价值,并利用自身优势提高商业变现能力。

1.2.1 三个途径,变现方式多样

在快手的异军突起与快手用户的高度忠诚之下,许多广告主与商业合作伙伴越来越偏爱短视频广告,目前快手的变现途径主要有以下

三种。

1. 短视频广告变现

许多快手运营者在积累一定数量的粉丝后，便会通过短视频广告变现，这是目前短视频平台最简易的变现方法。因此，快手运营者尝试变现可以从短视频广告变现开始。快手短视频的广告变现途径目前主要有软性广告与硬性广告两种。

（1）软性广告

快手运营者可以通过剧情植入和结尾宣传的方式，将软性广告与短视频内容相结合。

以快手平台的美食视频运营者"下铺小涵是吃货"为例，其发布的美食视频风格统一，均为一位女大学生在宿舍享受美食的第一人称视角视频，其间穿插与上铺室友的对话。视频中有时出现快手运营者自己制作的美食，有时出现包装方便的即食零食，通常每一期出现在视频中的厨具或者零食都会成为推荐品，甚至有用户主动询问想要购买。

这种短视频软性广告的市场反响与用户接受度均较高，且所针对的用户群体也与该账号自身的用户群体相吻合，对于创造力较强的快手运营者而言是一种值得尝试的变现方式。

（2）硬性广告

常见的硬性广告如贴片广告，具备显眼、简洁的特质，且成本较低，通常不会影响短视频的内容。

然而对于大多数快手运营者而言，广告变现的门槛都较高，一般广告主更倾向于选择头部快手运营者，这在无形中成为众多普通快手运营者的变现门槛。在流量分配机制和广告变现机会均普遍集中于头部快手运营者的背景下，普通快手运营者很难走出自己的变现之路，因此，快手的激励计划应运而生。

快手的激励计划给出的最佳方案为：快手运营者只需要专注于符合自身账号定位的视频内容拍摄，快手将通过AI对人与内容的双重匹配、筛选，在保证不违逆用户兴趣的前提下，由系统在短视频内容播放结束后自动选择与内容相匹配的后贴片广告来添加，并以综合效果评估为快手运营者分成。

2. 电商变现

传统电商时代的红利正在逐渐消退，场景化消费已成为新型电商的一大特征。而快手平台作为短视频行业的一员，因其具有碎片化和易融合的属性，可使快手运营者与用户在快手一站触达不同的内容主体，实现信息、内容、服务、营销的场景互联，因此"短视频+电商"是快手一大重点营销模式。目前快手电商变现的方式主要有三种：快手小店自营变现、第三方自营店铺变现、快手小店佣金变现。

（1）快手小店自营变现

快手小店自营变现主要指快手运营者在平台开设线上店铺进行流量变现。快手小店自营变现方式主要具备两大优势特征：一是用户购买商品无须跳转至第三方平台，可以直接在快手小店完成交易，这可以提高用户购买率；二是快手运营者可以直接在短视频中添加商品链接，该链接会直接显示在短视频画面的左下方，使用户可以边看边买，其操作方便且不影响用户观看体验。

（2）第三方自营店铺变现

第三方自营店铺变现指将快手运营者从快手获取的流量转化至第三方电商平台的自营线上店铺中，如淘宝、天猫、拼多多等。快手运营者通过第三方自营店铺售卖快手短视频中的同款产品，实现流量变现。

适合该方式的产品最好为贴近大众生活、用户规模大、价格实惠的产品。这些产品特征也符合快手平台的用户定位，因此，快手运营者通过短视频内容积累了一定数量的粉丝后，可以选择开设第三方自营店铺进行变现。

（3）快手小店佣金变现

快手运营者若选择快手小店佣金变现的方式，仅需在快手开通快手小店功能，不用额外设置任何自营店铺，仅通过推荐他人产品即可赚取佣金，实现变现。该变现方式的优势在于快手运营者无须运营、管理店铺，无须任何投资，因此该方式在快手十分常见。

目前，快手在公布的《关于快手小店技术服务费收费规则调整及设立商户成长奖励金制度通知》中为快手运营者罗列了多种产品渠道，并为不同渠道制定了详细的佣金设置要求与技术服务费收费标准。其中，通过快手电商添加产品不收取产品佣金，只根据具体的产品类目收取一定数额的快手技术服务费，相关标准在"快手小店资费一览表"中详细列出；而通过第三方电商添加的产品则遵循另外一套收费标准，如表1-1所示。

表1-1 第三方电商产品佣金设置要求及技术服务费收费标准

第三方产品渠道	快手添加产品佣金设置要求	快手技术服务费收费标准
淘宝联盟	1. 产品佣金比例≥10% 2. 产品需要在淘宝联盟内容库中	0
有赞	1. 有佣金率的分成产品佣金比例≥10% 2. 普通产品需要有赞商家在有赞平台进行授权	1. 有佣金率的分成产品：佣金部分的45%（上限为订单实际成交金额的5%） 2. 普通产品：订单实际成交金额的5%
拼多多	产品佣金比例≥10%	订单实际成交金额的5%
魔筷星选	需要魔筷星选商户在魔筷星选平台进行授权	订单实际成交金额的5%
京东	产品佣金比例≥10%（部分自营商品除外）	佣金部分的50%（上限为订单实际成交金额的5%）

3. 直播变现

当快手运营者通过短视频积累一定量的粉丝后，便可以尝试利用直播进行变现。目前直播变现的方式主要有两种：粉丝打赏和直播带货。

（1）粉丝打赏

粉丝打赏是直播变现中最直接的方式：用户为自己喜爱的快手运营者付费或为直播中令自己感到开心、感动、惊奇的行为付费，以此获得心理满足。

直播相较于短视频的优势在于具备实时互动性，拉近了用户与快手运营者之间的距离，更容易满足用户的心理需求。快手运营者可以适当采用一些方式吸引、刺激用户对自己进行打赏，但需注意尺度与范围，不能以强迫、引诱、欺骗的形式要求用户打赏。

（2）直播带货

直播带货是当下十分火爆、高效的变现方式，参与直播带货的人也越来越多，商务部大数据监测显示，2020年第一季度电商直播超过400万场。

在快手平台，头部快手运营者在特殊节点一夜带货实现千万元销售额也是常事。南方财经全媒体集团在2021年发布的《2020年直播带货趋势报告——主播影响力排行榜Top100》显示，2020年6—12月，包括快手在内的直播带货三大平台中，销售额前十名的主播里快手主播占据四席，且某快手主播以总销售额超76亿元的成绩位列第三。

2020年3月6日，快手电商与快手扶贫发起"百城县长，直播助力"的携手助农活动，由平台匹配拥有百万粉丝数的快手运营者直播连线，助力全国各地的县长在快手直播间售卖当地特色农产品。快手平台数据显示，该活动已助力销售沃柑20吨、砂糖橘1.8吨、蒙阴苹果3.4吨。

由此可见，直播带货背后的流量红利，值得快手与快手运营者共同进一步挖掘与利用。

1.2.2 双引擎，变现效率更高

快手之所以能在 2020 年年初实现于 2019 年定下的 3 亿 DAU 的目标，关键在于对快手运营者的重视。在 2019 年 6 月 27 日举办的第一季快手公开课上，快手商业生态负责人徐晗曦曾针对如何激发快手运营者的创作热情展开论述，他认为，借助快手为运营者制定的"双引擎"——创作者激励计划与快接单，能帮助快手运营者专注自我擅长的领域，完成其持续稳定的变现之路，推动快手平台社区生态的整体繁荣。如图 1-5 所示。

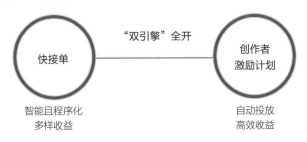

图 1-5　快手运营者商业变现"双引擎"

简单来说，"双引擎"的应用使得快手运营者可以先在快接单平台接受广告主或商业合作伙伴的任务订单，再通过短视频或直播等形式进行相关原创作品的定制与发布，从而获得相应的收入。

1. "双引擎"之快接单

"快接单"是快手平台的一个推广接单功能，目前只对部分快手运营者开放。快手运营者可以通过"快接单"功能接受商家发布的淘宝商品推广、App 下载等订单，为订单商家拍摄相关的短视频内容并发布，最终获得相应的推广收入。功能入口如图 1-6 所示。

图 1-6　快手 App 快接单入口

徐晗曦曾表示："目前短视频任务每天可产生4亿次以上的曝光量，2.5万名运营者参与其中。快手的运营者类型丰富，中腰部运营者占比比较高。"

在"快接单"的帮助下，快手运营者可以在自己擅长的领域中释放自身的创造力，为平台和粉丝用户创作更丰富的短视频内容，也能找到最适合自己的变现路径。

在快手看来，接下来"快接单"的发展和演化趋势，将从完全定制化的任务内容逐渐向标准化、程序化的方向发展，这一转变可提升平台的规模与运作效率，同时也能帮助快手运营者获得更多商业订单与变现机会，以此获得更多收益。

2."双引擎"之创作者激励计划

创作者激励计划（以下简称"激励计划"）是为了贯彻平台的价值观，为所有快手运营者提供的一个低门槛变现途径。为了让大量的普通快手运营者也能享受到短视频行业和快手的流量红利，快手提出普惠、智能、程序化的激励计划，决定打破壁垒，砍掉快手运营者变现的高门槛，帮助所有快手运营者更便捷地获得收益。

加入"激励计划"的快手运营者不再需要特意拍摄专业的商业视频，也不需要自己单独拓展广告主与商业合作伙伴的资源。只要能创作原创内容，加入 MCN 机构并拥有过万粉丝即可申请开通。AI 将自动匹配私域流量用户感兴趣的广告贴片投放，快手运营者不需要特意筹备、拍摄商业视频，也不需要单独拓展广告商资源。快手平台将通过广告内容保护和专属服务通道等专项政策，针对媒体与加入 MCN 机构的快手运营者解决运营过程中的各种难题。

这种模式不仅能帮助平台挖掘快手运营者的内容创作价值，还能持续且完全自动化地为快手运营者实现变现，可谓一举两得。激励计划目前仍在对广大快手运营者逐步放量中，获益最多的一位快手运营者通过激励计划已获得超过 3 万元的单日收入。激励计划还将在未来为快手运营者提供更长期、更稳定的获益途径。

1.2.3 一核心：变现能力更强

在独具优势的变现方式与变现效率之下，快手又通过以下三大生态优势为运营者持续提升良好的商业变现环境，帮助运营者提高变现能力，以追求更大限度保障每一位运营者的变现权益。

1. 超高日活率保证品牌曝光

对于任何一个平台来说，日活率都是衡量其是否良好的标准之一，平台的活跃用户越多，在该平台做品牌曝光的效果越好。

正如前文所言，2020年年初快手平台日活数已突破3亿，这个数字远高于其他平台，这一优异成绩可以保证品牌方在选择快手平台进行产品的宣传推广时，实现高性价比、高效曝光量。

2. 用户黏性高，促进带货方式的简化

快手的社群模式所带来的用户黏性较高，让每一位快手运营者在进行带货时不需要有过多繁杂的修饰，凭借朴实的言语与日常累积的信任关系便能实现。

与此同时，由于快手运营者热衷分享生活，喜欢通过质朴、真实的内容引起用户的共鸣，因此许多快手红人都推广自己的产品，如"胡颜雪雪姐优选"，便是通过与粉丝聊天、分享自己的护肤心得等方式推广美妆产品。

二者共同简化了快手运营者的带货方式，并且基于快手用户比其他短视频平台用户更高的忠诚度，快手运营者的带货也更容易成功。

3. 封闭的电商体系，保护交易安全

快手平台的变现方式主要为带货变现，快手运营者通过内容吸引用户后向其他电商平台导流，如拼多多、淘宝、天猫等，在用户成功消费之后，快手运营者可以通过分成获得一定的佣金，如果快手运营者拥有自己的网店，便可以直接带货变现。

但是为了提升用户的消费体验，快手优化了平台的电商体系建设，始终坚持封闭式的电商体系，即要求第三方平台回传数据。如果第三方平台的回传数据不符合要求，快手将逐渐与其终止合作，这也是快手保护自身用户的一大重要举措，极大地保护了快手运营者与用户的交易安全和自身利益。

1.3 快手与其他内容平台的区别

短视频已经成为不少人生活娱乐的重要组成部分,而在种类繁多、风格不一的短视频平台中,快手为何能成为众多运营者心中的优选甚至首选?了解了它与其他短视频平台的区别便能明确。

一直以来,短视频行业的"两座大山"便是快手与抖音,在短视频市场上形成了"南抖音北快手"的局面,而最新加入短视频"战局"的视频号由于背靠腾讯这棵大树,同样获得了来自运营者的大量关注。作为正试图进军短视频行业的运营新手,只有详细了解了三者的不同,才能为自己找准平台,发挥优势,激发潜能。通常情况下,快手、抖音与视频号的区别主要集中在以下四个方面,如表1-2所示。

表 1-2 三大短视频平台的差异

	快手	抖音	视频号
用户主体	三、四线及以下城市与农村	一、二线城市	全民覆盖
算法机制	坚持"去中心化"原则	采取"中心化"思想	"社交推荐"与"个性化推荐"相结合
平台生态	运营者友好,单位粉丝价值更高,分布均衡	用户友好,涨粉更快,向头部集中	全民友好,粉丝分布表现均衡
带货模式	以人带货	品牌效应	个人IP

1.3.1 用户主体差异

不同的短视频平台拥有不同的定位,平台的自身定位决定其用户主体所在的圈层。新手运营者提前了解平台上用户主体的差异,可以根据用户主体选择最适合的平台。而对于运营者来说,提前了解不同平台用户主体的差异,可以明确接下来自身账号的风格走向与优势。

1. 快手：三、四线及以下城市与农村

快手着重突显自身真实、接地气的平台印象，它崛起于三、四线城市与农村，靠草根特色轻松收获了大批该层面的活跃用户，在维持自己用户数量优势的基础上保持着稳定的用户增长。

快手大数据研究院发布的《2020快手内容生态半年报》（以下简称《半年报》）显示，自2019年7月至2020年6月，一年时间内共有3亿名用户在快手发布作品，其中30岁以下用户占比超70%。从用户城市分布上看，一线城市用户占比15%，二线城市用户占比30%，三线城市用户占比24%，四线城市及以下用户占比31%。

根据《半年报》的内容可知，2020年1—6月，快手短视频类型占比中，记录生活的作品占比29.8%。"自制类美食"相关短视频数量上涨90倍，其中自制蛋糕、凉皮、奶茶、热干面等作品数增长最多，而"00后"和"90后"用户对上传美食短视频的偏好度有明显提升，更多的年轻人热衷于通过快手学习烹饪等生活类技能。由此可见，快手用户普遍对生活类短视频更感兴趣。快手用户画像如图1-7所示。

图1-7 快手用户画像

2. 抖音：一、二线城市

抖音早期以音乐为切入点，提倡创意内容，自登上短视频软件的舞台起便一直代表着年轻与潮流。

企鹅智酷发布的《快手&抖音用户研究报告》显示，抖音用户中男女比例较为均衡，虽以年轻人为主，但年龄跨越度大且受众范围广，

尤其一、二线城市的用户比同类平台用户更多,因而其用户消费水平相对更高。

其中,"00后"偏爱二次元内容与萌宠系列短视频;"90后"则喜爱记录日常生活,常看美食与情感类视频;"80后"经常分享亲子类内容,最爱风景旅行类视频;"70后"喜欢观看关于民生与社会热点的视频;"60后"则更关注舞蹈才艺类视频。抖音平台用户画像如图1-8所示。

图1-8 抖音平台用户画像

抖音与其他平台的差异与其用户定位有关,身为后起之秀的抖音一直紧抓都市白领的需求,利用明星效应和朋友圈的转发扩散,快速吸收了大量拥有相似需求、喜好的白领用户,并进一步激发了一、二线城市用户的需求。

3. 视频号:全民覆盖

视频号与其他短视频平台的用户主体最大的不同在于,背靠腾讯这棵大树的视频号拥有目前全互联网最庞大的用户群体,且用户群体拥有极高的活跃度。相比其他平台拥有自身侧重的用户圈层,视频号没有侧重的用户圈层,能实现全方位覆盖。

但这也为视频号运营者带来了难题,没有对特定用户群体的侧重,视频号运营者便难以掌握用户相关的规律信息,很难高效率地寻找内容切入点,相比在其他同类平台制作短视频内容,视频号运营者在运营账号时,将会较难在内容题材选取等方面及时找到方向。

1.3.2 算法机制差异

平台的算法机制对于运营者来说是重中之重,平台对内容发布流程的设定与干涉,以及对流量分布的安排,都直接影响运营者的运营体验与难度,因此,了解平台之间算法机制的差异能帮助运营者迅速做出判断与选择。

1. 快手:坚持"去中心化"准则

快手CEO宿华曾表示:"我们非常在乎所有人的感受,特别是那些被忽视的大多数。"作为一个"去中心化"的短视频平台,快手的流量分发机制始终以"每一个人都值得被看见"为要义,它更提倡内容运营者与粉丝之间保持平等的朋友关系。

例如,快手运营者在平台发布作品后,初始流程与抖音相似,经过审核后的作品将被放入初始流量池,数据优秀的作品将会经过逐层筛选进入更大的流量池。快手更重视快手运营者与用户之间的互动,因此"评论率>转发率>点赞率";同时快手会在此阶段将平台作品的曝光量差距控制在一定范围内,当某个作品的热度达到一定阈值后,其曝光量便会不断降低。其内容发布流程如图1-9所示。

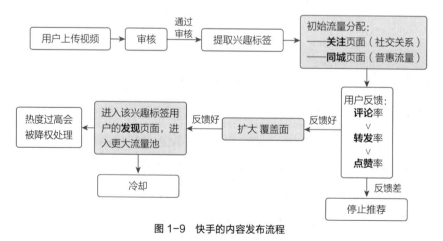

图1-9 快手的内容发布流程

因此，快手上不会出现类似抖音上少量的头部精品作品占据平台绝大多数流量的情况。据快手官方报告，快手30%的流量会分配给头部热门作品，而其余70%的流量均会分配给中长尾作品，实现平台"公平普惠"的生态价值观。

这种"以人为本"的运营模式让作品创作的门槛更低，大大提高了所有用户的主人翁意识和参与感，鼓励了平台所有的用户，使其愿意积极发布作品，展示自己的生活，加入平台的内容创作中。

在快手上，每一个人都可以成为运营者，每一个人都值得被看见。所以快手是更适合普通民众的全民性内容平台，新手运营者的内容创作风格与想要带货的产品若能满足普通大众的需求，便可以优先考虑在快手运营自己的短视频账号。

2. 抖音：采取"中心化"思想

抖音的内容推荐机制与快手大致相似，也是通过大数据算法实施精准的个性化推荐，用户爱看什么，就推荐用户看什么，但在此基础上，抖音的流量分发机制是采取"中心化"思想打造KOL。

虽然早期抖音的流量分配机制选择"去中心化"，给初始用户均等的流量扶持，但随着使用人数的增加，抖音逐步转向"中心化"，开始注重培养KOL，渐渐开始为拥有较多粉丝的抖音运营者分配更多的流量，让用户在兴趣圈内对KOL"仰望和追随"。

例如，抖音运营者在抖音账号发布作品后，经过审核的作品将被放入初始流量池，平台根据初始流量池内的用户行为判断内容是否受欢迎，通常情况下完播率＞点赞量＞评论率＞转发率，若反馈数据良好，作品会被放入更大的流量池……以此类推，最终经过多轮筛选后的作品会如滚雪球般占据平台大部分的流量，而在筛选中未被选中的作品的曝光率则会非常低，因此平台内容呈现"贫富差距"大的特征，其内容发布流程如图 1-10 所示。

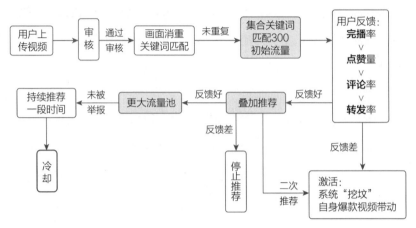

图 1-10 抖音的内容发布流程

这种类似明星与粉丝的用户关系，逐渐编织出众星捧月式的情感关系，这种模式可以刺激优秀的抖音运营者不断创造更优质的内容，同时也激励着部分有想法的用户努力成为受人追捧的 KOL。

3. 视频号："社交推荐"与"个性化推荐"相结合

在微信的官方介绍里，视频号的推荐机制依赖社交推荐机制与个性化推荐机制两种机制，如图 1-11 所示。

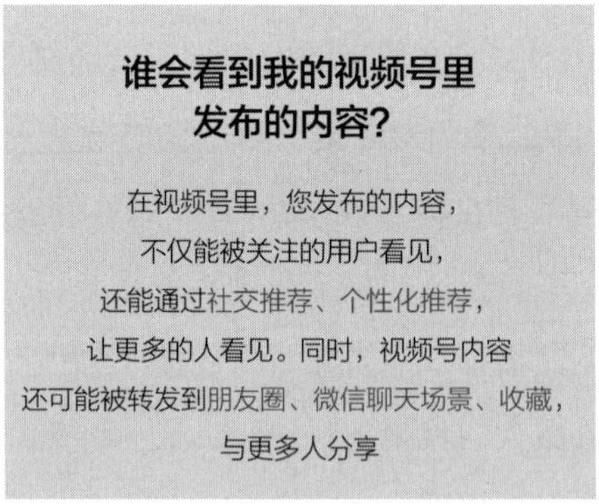

> **谁会看到我的视频号里发布的内容？**
>
> 在视频号里，您发布的内容，
> 不仅能被关注的用户看见，
> 还能通过社交推荐、个性化推荐，
> 让更多的人看见。同时，视频号内容
> 还可能被转发到朋友圈、微信聊天场景、收藏，
> 与更多人分享

图 1-11 视频号简介截图

而其中社交推荐机制包含三种规则，如图 1-12 所示。

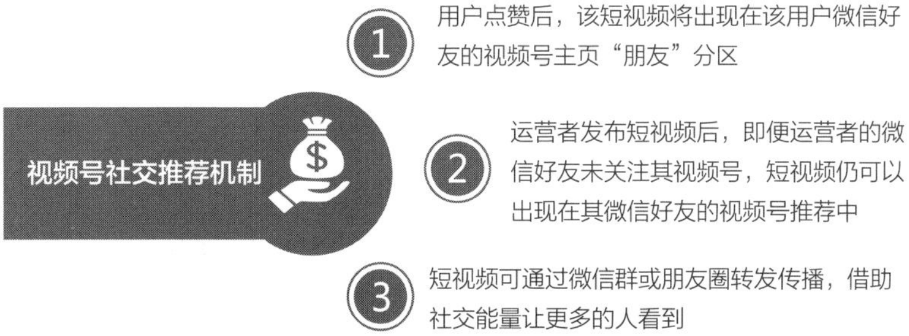

视频号社交推荐机制
1
用户点赞后，该短视频将出现在该用户微信好友的视频号主页“朋友”分区
2
运营者发布短视频后，即便运营者的微信好友未关注其视频号，短视频仍可以出现在其微信好友的视频号推荐中
3
短视频可通过微信群或朋友圈转发传播，借助社交能量让更多的人看到

图 1-12 视频号社交推荐机制规则

在此规则下，视频号的内容发布流程则如图 1-13 所示。

好友
点赞
推送给
好友的好友
点赞后
推荐给更多人
用户发布视频

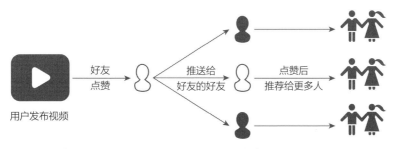

图 1-13 视频号的内容发布流程

个性化推荐机制，顾名思义是对用户的使用习惯、观看喜好等做数据分析，并贴上“标签”，再根据相应的“标签”为用户匹配符合对方喜好的内容。

两种推荐机制的有效结合，可以帮助视频号运营者获得他人对视频内容的认可，并且也有效利用了微信平台强势的内容传播力量，将它转化为视频号内容扩散的独家优势，加快新手账号的冷启动过程。

从某种意义上讲，视频号的算法机制是快手与抖音的融和。

1.3.3 平台生态差异

对于短视频平台而言，所谓平台生态，即平台利益相关者及其相关事物构成的整体，其中利益相关者包括运营者与用户，而其他相关

环境因素则包含短视频、流量、粉丝价值等多项因素，多方之间存在紧密的内在联系与互动。

1. 快手：更适合运营者的平台生态

（1）运营者友好

由于快手在内容分配上对"普惠公平"的坚持，对于用户而言，快手中精品内容的比例相对低，使用体验相较抖音有差距，这同样也是快手的用户增速慢于抖音的主要原因之一。

但这样的内容分发机制对众多普通快手运营者更友好，在内容生产门槛低的情况下，人人均可成为快手运营者，且生产出的作品即便不够精良，也能得到一定的用户反馈，这使快手运营者拥有更大的产出动力，符合平台"记录世界记录你"的产品理念。

据快手官方数据，在2019年7月至2020年6月一年的时间内，在快手发布过作品的用户数量高达3亿，这项数据也印证了快手对"运营者友好"的生态特点。不过在快手近期的版本中，首页三个标签中有两个被划分为偏头部的内容池，即"发现"与"精选"，如图1-14所示。

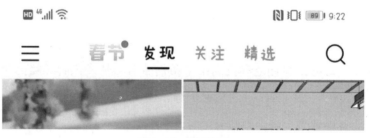

图1-14　快手首页

由此可见，在同类平台用户增速差距的压力下，快手未来也将对头部快手运营者的优质内容给予流量倾斜。

（2）粉丝黏性更高，分布均衡

由于快手会对曝光量过高的作品进行限流，且平台70%的流量会被分配给中长尾内容，因此快手的粉丝分布更为平均，对于快手运营者而言，通过优质作品在短期内急速涨粉的发生概率会小于抖音。

但快手的粉丝价值却是其优势，一方面，在快手首页三个标签中，"关注"与"发现"两项标签均为双列流内容展示模式，如图1-15所示。

图1-15 快手首页三大标签页面

在此模式下，用户可以对自己想要观看的内容与快手运营者做出思考并主动选择，这个过程可以进一步加深用户与快手运营者之间的社交互动感，提高用户黏性。

另一方面，由于快手在内容分发上将更高的权重给予"社交关注"这一用户操作，因此用户更容易看到自己关注的快手运营者的作品。火星营销研究院的研究显示，快手运营者发布新内容后，其粉丝看到的概率在30%~40%，甚至更高，所以说用户刷到自己关注的快手运营者的概率更高，快手运营者在自己粉丝页面上的曝光率也更高。

因此，相比其他平台而言，快手平台的运营者与粉丝的情感连接与信任关系更强，互动更为频繁，更容易实现私域流量沉淀，更适合新手迅速展开相关运营工作。

2. 抖音：更适合用户的内容生态

（1）用户友好

抖音依据现有的算法机制推送给用户的内容通常为经过大量用户检验的精品内容，因此更能为用户带来良好的体验，同时由于精品内容更容易被看到，这类作品也更容易得到大量用户反馈。

这种良性循环有利于拥有优质内容生产力的头部运营者，但对于没有专业生产能力的普通运营者相对不友好，因为普通的内容产出在抖音的算法机制下缺乏反馈，难以满足普通运营者记录生活与展示自我的社交需求。

长此以往，平台留下的多为可以生产优质内容且专业性更强的抖音运营者，作品创作门槛的提高意味着用户会在平台收获更多的优质作品，因此抖音的平台生态更倾向于"用户友好"，普通人成为有效运营者的难度较高。

（2）涨粉更快，向头部集中

抖音的算法机制与平台生态特征会导致抖音用户增长更快，使用时间更长，这同时促使平台扩大可供分配的流量池。

在庞大的流量池基数下，抖音又将大部分流量集中到了少数产出优质作品的头部运营者身上，且沉浸式的单列内容陈列方式导致用户观看什么内容完全由平台掌控，因此经过筛选后被认定为优质作品的内容会在短时间内得到大量曝光，如此相应抖音运营者账号的涨粉速度便会非常快。

火星营销研究院的数据显示，抖音的运营者发布新作品后，其粉丝看到的概率只有10%左右，故而抖音运营者在平台拥有大量粉丝不一定能保证其作品的曝光率更高，抖音运营者所沉淀的粉丝价值相对而言并不占优势。因此，抖音更注重用户观看视频的优质体验。

3. 视频号：全民友好，"野蛮生长"的平台生态

微信创始人张小龙曾说，虽然头部大号会有最大的浏览量，但是在一个人人皆可创作的年代，我们希望长尾的小号都有自己的生存空间，这也是之前公众号忽略的一个部分。

视频号秉持"记录真实生活，人人都是独立创作的个体"的价值原则，坚持"人人皆可创作"。但由于视频号官方并不想在最初便打造平台的"KOL""头部大V"等，因此相比其他同类平台，微信官方对视频号并无过多的限制，不会强加干预，"野蛮生长"的视频号更加随心、轻松。

但这样一来也容易给新手运营者造成困扰，新手运营者在早期难以得到相应的激励与官方扶持，也难以在一开始就找到更高效的运营方向，因此运营工作在初期会较难开展。

1.3.4 带货模式差异

由于不同平台在各方面都有差异，因此平台的带货模式也存在较大的差距，虽然同样都是通过短视频与直播的方式将运营者的产品卖给用户，但运营者需要针对不同的用户群体与平台机制选择最合适的带货模式。

1. 快手：偏重以人带货

相比其他同类平台，快手通过营造"平民化""去中心化"的良

好社区氛围，强化用户与快手运营者之间的依赖感和信任关系，然后在强社交信任关系的驱动下进一步挖掘用户价值，最终形成以人带货的电商模式。而快手运营者不需要在快手成为头部运营者，即便在腰部，也能得到较好的待遇，享受平台扶持。快手所面对的下沉用户群体更适合快手运营者在地理位置的基础上强化社交关系。"同城"频道渗透率要远高于其他频道，把握这一点，快手运营者可快速实现良好的带货效果。

与此同时，由于快手用户通常对快手运营者本人的认同感较强，因此快手更适合运营者做人格化产品，即"拍人"大于"拍货"，再以人带货。若快手运营者更青睐良好的社区氛围，擅长维系平等的社交关系，并且多选择带货日常化、实用性强的产品，快手会是运营者更合适的选择。

2. 抖音：偏重品牌效应

抖音平台在带货模式上以内容为核心，更偏重品牌广告，多数是通过短视频内容的高流量和它与商品的契合度，以及商品自身的品牌效应，提高商品热度、触达率。

抖音拥有以年轻群体为主的较优质用户资源，这部分用户对新鲜事物接受能力较强，他们不仅是生活必需品的消费主力军，还是新兴产品的推动者。这为平台运营者实现流量变现提供了更多可能，只要抖音运营者能在平台提供受用户喜爱的内容和大家喜爱的品牌，用户便很容易为抖音运营者植入的广告产品买单。

3. 视频号：偏重个人IP

视频号依托微信与微信公众号，因此对于企业与个人的IP打造有着强劲助力。微信公众号原本便是内容、观点输出的窗口，吸引的都是对相应内容品牌抱有认可态度的用户，视频号也是在微信提供的窗口中向用户传达企业或个人的价值观念。

对于微信用户而言，他们对自己认可的公众号本就有较强的信任感，而视频号的出现无疑是在加深用户对固有内容品牌的认知与信赖。企业与个人的内容品牌知名度在这样的环境中不断提高，在用户的生活圈层中形成独特影响力，最终有利于企业与个人开展相关内容品牌的商业活动。

例如，通过"畅销书作家庞金玲"这一视频号，将我在职场中独立、励志的一面展现在大家面前，这个形象与我的职业经历以及撰写的图书相辅相成，具有较强的说服力。因此在视频号的助力下，我便可以配合微信公众号的运营，与我的职业相关活动形成有效联动。

第2章
快手上的那些红人是怎么火起来的

在这个信息急速更迭的时代，人们都希望自己的作品受到越来越多人的喜爱，但想要在流量池中"火起来"，并非易事，往往需要多重因素的共同作用。因此，深入了解那些已经成功的快手红人，也是快手运营者的必修课。

2.1 二龙湖浩哥:从"草根"到"草根"(娱乐搞笑类)

2020年的初春,当我习惯性地收看新一季的《欢乐喜剧人》时,我注意到了一个不同寻常的身影。

成功举办了五季的《欢乐喜剧人》是国内知名的喜剧竞技类节目,在卫视上星播出,一直以来都有不错的收视率与口碑。该节目吸引了各类专业喜剧演员前来竞技,可这一次,这个舞台上却出现了一位草根喜剧人——张浩。

2.1.1 结合自身特质,找准目标市场

说起张浩这个名字,或许很多人觉得陌生,可一旦提到"二龙湖浩哥",想必许多热爱搞笑视频的人脑海中便已出现这样的画面:黑黑瘦瘦又略显土气的小个子,眉目间与宋小宝神似。

这位在快手拥有将近1600万粉丝的浩哥是吉林省四平市的一位二人转演员,常年在人民剧场演出。有演员导演梦的浩哥在2012年的"光棍节",在网络平台上线了自己的微电影处女作《二龙湖浩哥之

四平青年》。作品一经推出便将他推上了东北"草根网红"的位置。

这部充斥着黑色幽默的喜剧微电影,讲述了一位叫作二龙湖浩哥的四平青年带着兄弟们寻仇,却不幸被卷入一场令人啼笑皆非的"帮派混战"的故事,如图2-1所示。

图2-1 《二龙湖浩哥之四平青年》微电影截图

观众对这部微电影的评价贬褒不一,虽然制作实在粗糙,但自编自导自演的浩哥利用自己独具特色的演绎方式获得了不寻常的效果,加上富有黑色幽默的故事,塑造出了一群独一无二的"四平青年",他的才华初显锋芒。

潜心沉寂两年后,浩哥又带着自己的第二部微电影《二龙湖浩哥之风云再起》卷土重来,这一次的"浩哥式"喜剧延续了第一部的优点,也改进了曾经的不足,从简单粗暴的接地气草根故事,进化为了侠义感更重、更有素质的"乡村古惑仔"。

逐渐找到节奏的浩哥一口气拍了多部微电影,主要以浩哥带有浓重东北味的"土气"与影片中各种"洋气"元素的冲突作为引人发笑的矛盾点,观众多为三四线以下城市及乡镇地区的人们。

浩哥意识到,自己的微电影作品中那些通俗易懂的笑点与义字当先的江湖形象，正是多数快手用户所喜爱的，而自己一直以来的受众也与快手用户人群高度重合。于是，浩哥带着自己的幽默感来到了快手，小有名气的浩哥在快手一出现，便收获了极高的关注度。

2.1.2 借助官方宣传，获得更多认可

开通快手账号后，浩哥便主要在自己的账号里分享生活日常与系列电影的拍摄花絮，偶尔以自己特有的风格拍摄一些搞笑视频。由于微电影的成功，积累下来的流量与影响力为快手账号带来了不错的互动成绩。

与此同时，浩哥开始利用自己的流量努力创造社会价值。

起初是与四平市委宣传部合作的歌曲MV——《我地家在四平》，用朴实生动的画面与歌词宣传一直存在于浩哥每一部微电影作品中的家乡，如图2-2所示。

图2-2 《我地家在四平》MV

紧接着，浩哥又与消防部门合作，拍摄了与消防安全相关的短视频。不久，浩哥又开始以"张局""张道长"的角色身份，与四平市广电主持人吴尔渥（吴书记、吴政委、吴便衣）和毕业于中戏的民警董政（董叔），联合四平警方拍摄了一系列风趣幽默的普法小视频，不仅为自己增加了热度，也带动家乡四平在快手火了一把。

其中，代表作《拦路抢劫》荣获了公安部的嘉奖，如图2-3所示。

图2-3 《拦路抢劫》在快手收获了众多喜爱与转载

这份认可标志着浩哥用流量创造社会价值的过程中获得了成功，也将浩哥的事业与生活推到了一个全新的高度。

一个土生土长的"草根演员"，凭借自己的努力将一座原本并不起眼的小城带到了全国网友的面前，并且在走红后也仍然为家乡的宣传产出高质量的短视频作品。快手上许多人无论自己是否为吉林省四平市的市民，都莫名从浩哥身上感受到了一种令自己骄傲、自豪的情绪，而他与四平的关系，也成了大家津津乐道的"标签"。他不仅达到了宣传家乡的效果，也为自己增添了一个记忆点，如图2-4所示。

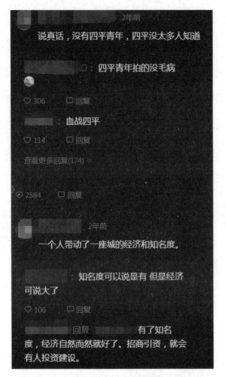

图 2-4 二龙湖浩哥快手账号下的评论

2.1.3 保持初心，用信念团结粉丝

浩哥从未掩饰过自己想成为一名演员的野心，他虽出身草根却并不甘于此，多部微电影的尝试正显示着他为之努力的决心。功夫不负有心人，坚持努力的浩哥在 2020 年为自己争取到了更大的舞台。

登上东方卫视《欢乐喜剧人》的浩哥在卫视舞台上挑战了不同于微电影与搞笑短剧的小品喜剧，秉持自己多年来的风格信念，即便在大舞台上略显"水土不服"，并没有取得十分理想的效果，但浩哥仍然坚持自己的表演态度，没有为了迎合大荧幕的观众而轻易改变自己的表演方式。

这种信念或许便是快手"老铁们"给浩哥注入的信心，在节目开播时，节目组现场播放了一则 VCR，许多因微电影和快手短视频认识并喜欢上浩哥的支持者，都以浩哥登台表演的"破圈"行为为荣，也以浩哥特有的喜剧风格与才能为荣。

快手用户们"义气"的特质像极了每一个作品里的浩哥，而这给了浩哥坚持自己的信心。这一次的大荧幕体验，让浩哥感受到了目前主流喜剧与自己心中那份喜剧之间暂时存在着高墙，于是他离开了卫视舞台。

离开卫视舞台的浩哥继续坚持自己的微电影与快手短视频事业上，开始了新的创作尝试，如图 2-5 所示。

图 2-5　浩哥在 2020 年仍然致力于全新微电影及短剧的拍摄

2.2　潘姥姥：四大"美"成就地标级流量（美食制作类）

"你小子！"

"好小子！"

"臭小子！"

"等着瞧吧！"

当这些透着丝丝宠溺的短句出现时，许多人一定会不约而同地想到金寨县的潘姥姥（潘启翠）。

六十出头的潘启翠是安徽省六安市金寨县一位地地道道的农民，平时的生活除了日常的三餐与休息，就是下地种田。2020年年初，潘启翠忽然迷上了快手，不光喜欢看上面的短视频，还时常尝试着发一些内容。在做自媒体工作的儿子的提议与帮助下，逐渐成了潘启翠的"新工作"。

单纯的美食制作视频自然会显得单调，潘姥姥的每一个美食视频都有特定的剧情与背景，比如姥姥为从城市回到农村的外孙做饭，或者是热情的姥姥为孙女烹饪美食。

这些故事里，不仅时常会有创新菜出现，还常常富含着温馨的亲情与幽默的冲突。有趣又有新意的内容让潘启翠毫无悬念地成了"网红"，截至2020年7月初，在短短四个月的时间里，潘姥姥已拥有400多万粉丝，多次登顶快手平台美食类账号排行榜第一名。

潘姥姥的美食制作视频之所以能在短短的时间内收获如此骄人的成绩，主要源自她短视频作品中的"四美"。

2.2.1 人美，第一眼吸睛

潘姥姥的粉丝们曾表示："世界上好听的声音莫过于三种：清晨的鸟叫，欢快的下课铃，姥姥的笑声。"

在粉丝的心中，潘姥姥的笑声是魔性的，也是有治愈功效的。在短视频中，无论做着什么，潘姥姥总是热情含笑的状态，如图2-6所示。

图 2-6　潘姥姥部分作品封面

潘姥姥在自己的短视频中从来都不是老态龙钟的。她身形高大，腰板挺得直直的，手脚麻利，言语爽快，不仅能上山砍竹，还能下地锄草。劈柴的事可以自己来，扛粮食的事也能自己来，摸鱼、捉鸡、捕鸭样样不落，采藕、种菜也门门精通，如图 2-7 所示。

无论做什么事情，潘姥姥脸上的那抹笑都没有缺席过。一个乐观有活力的老人自然能给每一个观看视频的用户带来"美"的感受，在茫茫的视频海洋中能做到"第一眼吸睛"。

不光活泼开朗的潘姥姥美，自 2020 年夏天起时常一起出现的外孙女远儿也美。

外孙女的美在于性格与孝心。她是自小随父母走出金寨县的女孩，在城市打拼过一阵子，2020 年的假期从城市回到姥姥家之后，因看到潘姥姥为拍摄短视频而忙来忙去，便加入潘姥姥的短视频创作团队，并且决心陪着潘姥姥一直做下去，如图 2-8 所示。

图 2-7　正扛着竹子下山的潘姥姥

图 2-8　远儿与潘姥姥团队（图源网络）

人们总是期望自己或自己的孩子"出走半生，归来仍是少年"，气质清新的远儿正符合这个期望，朴实率性的性格，与潘姥姥一样乐观积极的态度，吸引了关注潘姥姥的粉丝们。

2.2.2　食美，高质量的内容产出

既然是专攻美食制作的视频账号，食物的美观性自然是首要考虑的问题，这直接影响美食制作类账号的内容产出是否优质。

如果顶着"美食制作者"的标签做出了透过屏幕也让人感到难以下咽的食物，即便视频中的主角再美，也无法拯救核心内容的糟糕，只会"劝退"许多人。

而潘姥姥却是一位实打实的大厨，她做出的美食能轻松勾起人们的食欲，如图 2-9 所示。

无论是传统菜式，还是新菜式，潘姥姥似乎就没有做不出来的，不同于大多数时候我们常见的造型略显敷衍的家常菜，潘姥姥每一次制作出来的美食都能让人不由感叹"色香味俱全"——虽然粉丝们只

能看到它们的"色",但每次视频中远儿脱口而出的称赞与二人享用美食时的幸福表情,都在向粉丝们展示成品的"香"与"味",如图2-10所示。

图2-9 潘姥姥某则短视频中的美食成品

图2-10 某则短视频中潘姥姥与外孙女一起享用美食

2.2.3 景美,为官方引流创造良好契机

除了美食,潘姥姥的短视频拍摄也不会忽视金寨县的美景,茅盾在《风景谈》中认为,风景是美的,有了人的风景则更美。对于潘姥姥来说,有了人与美食的风景,才是最令人难忘的。

金寨县位于大别山腹地,曾经由于交通不便,高山奇峰无人欣赏,如今通了路,金寨县的山水风景亟待"走出去",而潘姥姥日益红火的快手短视频事业便为沉寂的风景带来了好机会。

在潘姥姥的美食视频里,我们不难看到金寨绝美的山水田园风光,例如在"猪油拌饭"的美食视频里,镜头自然地向我们展示了潺潺的溪流与哗哗作响的瀑布(见图2-11)。

图 2-11 "猪油拌饭"短视频中穿插的风景

潘姥姥不仅在这样的河水边清洗过状若雪糕的猪油，还曾在水中摸鱼，在岸边垂钓，甚至与外孙撩水嬉闹。有时潘姥姥甚至直接在河边就地取材，生火做饭，炙烤羊腿，美景之下，美食似乎更加诱人。许多粉丝在垂涎美食之余又忍不住关注起美景来，连连感叹"没见过这么干净清澈的水！"

除此之外，田园风光在镜头里显得格外迷人，经过精心设计，金寨县的美景呈现在了每一位热爱美食与生活的粉丝眼前，有粉丝在潘姥姥的视频下留言："姥姥，你的家在哪里？风景好美，我想去旅游，可以推荐一下路线吗？"

对于金寨县来说，潘姥姥的短视频就像宣传家乡风景的广告，当地的各大官方平台自然不会放弃这样的好机会。视频专访、新闻报道……各类官方渠道为潘姥姥的视频大开"绿灯"，多方位、多声量的媒体曝光为潘姥姥的短视频作品强力引流，没多久潘姥姥甚至成了金寨县的"金招牌"。

潘姥姥团队顺势加入金寨副县长蔡黎丽牵头的"金寨百名网红带你云上游金寨"活动，为自己家乡的发展与建设贡献力量，在实现自我价值之余又将力量贡献在了社会责任之上。

2.2.4 情美，引发粉丝的深层共情

"哇！真香，回去要妈妈也这样做给我吃。"

这是某则美食短视频中，外孙女远儿在品尝潘姥姥制作的美食后发出的感叹。

简简单单的一句感叹，却能让人感受到一个大家庭里满满的和睦情——美好的情感，也同样是潘姥姥的短视频中不可或缺的元素。

很多人的童年里，都有一位手艺非凡、对自己疼爱有加的老人，他/她或许习惯说着好话哄着我们，也可能喜欢调侃我们，却又在各种生活细节上无微不至地照顾我们，在潘姥姥的视频中我们总能发现停留在我们记忆中的暖心互动的影子。

"姥姥，我要吃棒棒糖！"

"姥姥，你这没有什么好吃的，我要回城里了！"

"姥姥，我同学来了可要整两个硬菜啊！"

……

在短视频中"只闻其声不见其人"的外孙总是喜欢和潘姥姥斗嘴、撒娇，贪吃又调皮的性子像极了小时候过分活泼的我们，而潘姥姥永远都是哈哈地笑着回句"臭小子"，几番嬉闹后又留下一句"看姥姥好好给你上一课"，随即开始了美食的制作，如图2-12所示。

在这样自然又接地气的祖孙对白中，那股浓重的宠溺感扑面而来，

美好的感情勾起粉丝们的回忆，强烈的共鸣感让粉丝们不由自主地对潘姥姥的视频生出喜爱之情。

图 2-12　某次"拌嘴"后潘姥姥制作美食

潘姥姥视频中所凸显的祖孙情感，让许多粉丝在收获了美食美景的"轰炸"后，又进一步陷入了对亲情的感悟与思考中，许多原本因代沟而没有及时被准确感知的温柔，在潘姥姥的短视频里"复苏"。

有粉丝表示："姥姥，我真是太爱你了，你的每个视频我都点赞，看见你我仿佛看见了我慈祥的姥姥！"

也有粉丝表示："看到姥姥这样洗衣服，仿佛一下子回到了童年，喜欢姥姥居住的环境！山美，水美，人更美！"

更有粉丝被触动了内心，想起在忙碌的奔波中为亲人留存一份温暖："看到姥姥的美食，我想起了我的姥姥，好长时间没陪她了，机票买好了，明天启程归家。"

这份生动的情感融入让美食制作视频有了每一位粉丝都可以感受

到的温度，美食制作被赋予了更深层次的含义，不再只是单调的备菜、下锅、调味。实际上，不少专攻美食制作的快手运营者都会为自己的短视频中加入情感元素，或是为自己的弟弟制作便当，或是为自己的闺蜜制作下午茶，抑或为自己的丈夫、儿子制作大餐……试图用美好的感情与粉丝共情。

美食与人、美景、情感的结合是许多人都乐意见到的内容，潘姥姥便将这些元素自然结合。如此，小小的团队迎来了更多机遇，越来越多的商家找到潘姥姥尝试商品推广，金寨县美景与美食的官方推广人员也多次找到潘姥姥，这份认可与随之而来的可观收益让潘姥姥获得了前所未有的成就感（见图 2-13）。

图 2-13　正在接受媒体采访的潘姥姥（图源网络）

2.3　泥巴哥（腾哥）："现代化"的传统手艺人（手工技艺类）

相信许多"80后""90后"都曾在小时候看过《阿凡提》这部动画片，生动的小人在逐帧拍摄的定格动画中活灵活现，加上极具代入感的配音后，一段又一段让人印象深刻的小故事就这样在观众脑海中留下了难以磨灭的痕迹。

了解定格动画制作过程的人都知道，运用这种方式进行动画视频拍摄，是一件非常耗时且耗费精力的事情，制作之人不仅要有耐心、细心，还需要拥有天马行空的想象力。

可偏偏有人的巧手，可以在独自一人的探索中让如此复杂的工序成为他赖以谋生的技能。

2.3.1　挖掘技能优势，找准内容定位

"停车，干什么的？"

"我来你们村走亲戚。"

"非常时期，谁也不能过，请谅解。"

在临场感十足的"腾腾腾"的拖拉机轰鸣声中，一位驾驶着拖拉机试图穿过警戒线的小伙子被挡在了村口外，又不得不服从安排调头返回。2020年年初频繁在各地村口上演的一幕，加上惟妙惟肖的配音出现在一群泥塑小人的身上。

在全国掀起不拜年、不聚餐的2020年新春新"潮流"之时，这段利用泥塑小人拍摄而成的防疫故事定格动画，在快手仅一夜时间便轻松斩获超300万播放量，并在一年的时间内累计获得了近8万个点赞，如图2-14所示。

这段泥塑动画的创作者名叫朱付军，他爱"倒腾"泥巴，并且确实能用泥巴做出不少精彩的小玩意，可以说是一位名副其实的"泥巴哥"。由于经常使用"腾腾"的音调为自己的动画作品配音，又被粉丝们亲切地称作"腾哥"。

图 2-14 朱付军制作的防疫故事定格动画

在 2018 年那场意外来临以前,生于素有"中原泥塑第一村"之称的河南省浚县黎阳镇杨玘屯村的朱付军,从未想过长大后的自己竟会再次与自己儿时的玩具日日相伴。

成年后的朱付军原本是一位地地道道的农民,务农之余还会去做保安、焊工以补贴家用。然而意外却在 2018 年降临,朱付军外出打工时摔伤了腿,行动不便的他只好回到老家养伤,彼时恰逢快手与鹤壁市有一场推广当地民俗文化与非遗项目的合作,从小在村里耳濡目染且对"玩泥巴"略有天赋的朱付军当下便决定参与。

在接受媒体采访时,朱付军将这一切说得很轻松:"就试着捏了一个拖拉机,发布到了(直播)平台。"但实际上,朱付军面对泥塑作品与短视频制作的态度并不简单,常常为了一个几十秒的短视频投入十分细腻的心思。

例如,2020年年初那部紧贴实际生活的"大制作",为了保证这部只有24秒的泥塑动画的质感,朱付军从1月23日开始便和哥哥待在家中专心制作各种需要出镜的泥塑道具。无论是路边的小屋,村口的大门,还是载着主角与猪羊的拖拉机,甚至村口、路边的各类小人,朱付军不会在任何一个细节上敷衍,如图2-15所示。

图2-15 载着主角与猪羊的拖拉机,以及远处的村民

起初,朱付军只是想通过这种趣味性的方式宣传防疫知识,让更多的人提高自我防护意识,谨记规则。可这段泥塑动画被成功发布到快手后,竟在一夜之间为他带来了2万多的粉丝。

一场原本让人迷茫的意外,却因为朱付军阴差阳错地抓住了非遗推广与抗疫这两大话题,为他挣得了不少流量与关注。由此可见,以时闻热点作为进军快手短视频市场的敲门砖未尝不是一招妙棋。

突如其来的热度也促使朱付军开始规划更高的目标,他感到自己的人生或许即将走入一个"意外"的方向。

2.3.2 难能可贵的责任感,赢得更多人的支持

对于并没有提前做好规划与准备的快手运营者而言,"天降"的热度来得快去得也容易,但机遇却并不会辜负朱付军这样的有心人,他迅速找准自己接下来运营快手账号的目标——要帮助乡亲们将那些精美的非遗产品卖出去。

"有一次去杨珂屯村,看到那些老艺人,家里都堆积了很多精美的作品,卖不出去,我觉得太可惜了,就想着是不是能通过我的粉丝、我的(直播)平台,试试销售这些作品。"

朱付军是责任感十足的人,当初临时起意的防疫小故事便是出于他的社会责任感,他也明白,只有让整个产业兴旺起来,乡亲们的收入才能够实现稳定增长。

这份责任感成为他在快手流量池生存的"指南针",引领他找到了接下来最适合自己的运营方向。自那之后,朱付军开始通过制作泥塑定格动画与各种泥塑装备在快手平台传播这门传统技艺。朱付军目前发布过的精品视频均带有#快手幸福乡村带头人#、#携手助农#、#快手扶贫#等标签,如图2-16所示。

图2-16 朱付军的目前播放量在前四位的快手作品

由作品发布时间跨度及标签不难看出朱付军的责任感，对此他表示："我认为是一种责任，守护老一辈人留下来的手艺，不想让这种手艺失传。"

从2018年涉足泥塑短视频至今，朱付军早已成长为坐拥464万粉丝的快手网红。在近三年的时间里，他已经帮助同村100多位手艺人售出10万余件泥塑作品，总销售额已有120万元左右，他不仅用这门手艺为自己捏出了"金饭碗"，还带领着乡亲们一起捏成功了这个"金饭碗"。

这样的成绩是社会对朱付军难能可贵的责任心的回报，也给了他继续帮助乡亲们在这条手艺路上走下去的信心。

2.3.3 创新内容，冲出传统手艺的舒适圈

看起来"土里土气"的泥塑技艺之所以能在朱付军的手里重获新生，除了机遇，也离不开朱付军天马行空的想象力和精湛的技艺。泥塑作品一旦到了朱付军的手里，便像被插上了五彩缤纷的翅膀，拥有了非同一般的光彩。

早在朱付军制作第一个泥塑视频作品时，他就为自己手中的泥塑作品设计好了风格，在短短十几秒的视频里，精妙的不仅是那一台比例匀称的拖拉机，还有马达发动时的细节，以及惟妙惟肖的配音效果。

当拖拉机的启动音逐渐变成行进音时，泥塑拖拉机的车轮居然开始滚动前进，引得观看的用户兴致勃勃地对着这样一个泥塑玩具"正经"地讨论起来，如图2-17所示。

泥塑作为由来已久的传统技艺，一直以来成品大多是摆件，或者是一个个小人儿，或者是一件件动植物，再生动的摆件看久了也不免略显"呆滞"。朱付军却不走寻常路，致力于让一团团没有生命的泥巴"活过来"，即赋予它们动的能力。

图 2-17　朱付军第一个快手视频及相关评论

　　滚动的车轮、转动的摇臂……这种冲破传统"束缚"的泥塑赢得了网友们的喜爱。此番差异化尝试取得的成功给了朱付军更多的信心，也给了他更多的灵感与勇气，于是，除了各种车，越来越多的泥塑物品登上了朱付军的"泥巴舞台"，朱付军也开始尝试更加精细、丰富的视频拍摄。

　　为了提高精细度与灵活度，对于车辆的轮毂、飞机的螺旋桨、武器的局部连接点等，朱付军都选择用铁丝连接，对于某些更为特殊的物品，如吊车，为了更贴合实物并且保证玩具也具备对应的功能，朱付军还会在上面运用更多的"零件"，如图 2-18 所示。

　　将会动的泥塑玩具组合在一起拍摄成定格动画也是朱付军的想法，对于这种拍摄手法他起初并不明白具体该如何操作，经过学习，朱付军已经熟练掌握了这种特殊的拍摄技巧。他还会拉上哥哥一起为动画短片配音，有时为了完美还原经典影视剧中的情节，他甚至会拉起绿布以便后期剪辑时进行抠像特效的处理……

图 2-18 朱付军某短视频中出现的"泥巴吊车",上有棉线及金属零件

诸多奇思妙想让朱付军的作品在同类作品中脱颖而出,坚持至今,朱付军的作品已然成为泥塑手艺人中的一大特色招牌,成功出圈。如今,在其开辟了一条差异化的传承之路之后,借助快手的影响力与传播力,他的路将更加好走。

2.4 逆袭丁姐:火力全开的"40+"女性

"我现在40多岁了,从2020年9月开始更新账号的内容,经过四个多月,在快手就积累了500多万名粉丝,有朋友说:'你挺大胆呀,你这么大年纪了,还要去做网红啊。'"

这是快手红人"逆袭丁姐"(见图2-19)在"2021快手橙白娱乐盛典"的预热视频中的一段独白。

图 2-19 "逆袭丁姐"参与"2021快手橙白娱乐盛典"的推广活动

年龄"40＋"让她最初在进军快手短视频市场时遭到了诸多质疑，但这些怀疑的声音并没有成为她的阻力。人如其名，"逆袭丁姐"偏偏在身边的熟人纷纷认为不合适的年龄段，实现了"火力全开"的逆袭。

2.4.1 拒绝同质化，传播正能量

在快手，各种形式的情感励志类内容大行其道，很多人在忙碌之余，喜欢看看这类短视频。但这类短视频内容同质化较为严重，在引起大众审美疲劳后，这一类主题的快手账号虽然偶尔会出现热度小爆的视频，这类短视频的数据并不理想，如图2-20、图2-21所示。

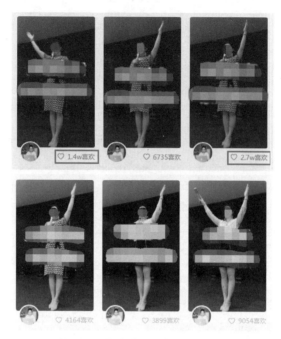

图 2-20　某情感励志类账号部分作品

图 2-21　另一情感励志类账号部分作品

丁姐也瞄准了情感励志类的话题，但在内容制作上却和绝大多数的同类视频有很大区别——她选择将正能量的观点融入一段生活情景剧中。

这种手法虽然也有快手运营者尝试过，但绝大多数人在制作上略显简单粗糙，人物演绎也较为青涩，制作的短视频作品同样不具备留住用户的能力。丁姐的短视频却有着较高的拍摄制作水准，人物的妆容、造型，场景的选择、布置，乃至剧情的设计，剪辑的节奏，都会按照更为专业的标准进行操作，如图2-22所示。

图2-22　"逆袭丁姐"与合作演员探讨剧本

如此一来，不仅能在同类短视频中形成独特优势，还能避免用户对内容产生疲劳。

丁姐对主要内容题材的选择眼光也十分独到，例如，很多人都习惯性地认为一个家庭中的婆媳关系难以处理，丁姐则选择通过短视频向大家展示一个"疼儿媳比疼儿子更多"的善解人意型婆婆，如图2-23所示。

图 2-23 "逆袭丁姐"部分视频

在这些视频中，丁姐总是会将一些婆媳矛盾，通过剧情反转，变成完全不同的温馨剧情，由于这些反转并不生硬，人物表演也十分到位，因此能引发观看者的共情，并且引人深思。

而在展现这些温情时，丁姐也没有采用常见的催泪煽情的手法，而是让短视频中的婆婆仍然用着有些"凶巴巴"的语气体贴儿媳（见图 2-24），这不仅避免了剧情反转后情节跟不上，也再一次凸显了丁姐的作品与其他作品的差异，同时也让人印象深刻。

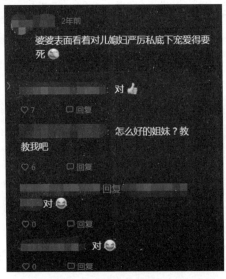

图 2-24 "逆袭丁姐"账号下的评论

2.4.2 摒弃虚假人设，用真实的态度增强信任感

丁姐对自己的视频内容坚持"拒绝同质化"的态度，虽然绝大多数人认为"网红"应该是二十多岁的年轻人，但过完四十岁生日的丁姐仍然义无反顾地开始了自己的快手之路。

日本近代著名社会派散文家德富芦花曾说过，**人类在出生时，就是带着感情而来的**。人毕竟是情感丰富的动物，那些单纯照本宣科的情感励志类短视频之所以很难持续获取较高的热度流量，很可能是账号的快手运营者缺乏与粉丝之间的直接共情点——**你总是在告诉我怎样做一个更好的自己，却并没有让我看到一个真实的更好的人**。

而丁姐却用实际行动告诉每一个看到她的人：我正在做更好的自己。

如果不是她主动提及，也许很少有人能从管理得当的身材与精致姣好的妆容中看出来她已经"40＋"，如图 2-25 所示。

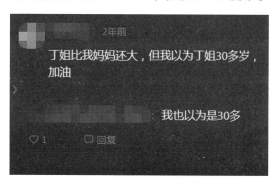

图 2-25 "逆袭丁姐"账号下的评论

因为丁姐本身具备与作品风格相符的特征，自信让她的确过得更精彩，引得关注她的人思考：或许正是因为她和短视频中的那个婆婆一样自信、积极、不随波逐流的心性，才让她在短短的半年的时间里就成长为粉丝数 700 万的快手红人。

用户很容易对真实的经历产生共情，看到丁姐本人的自信态度带给她人生的正向改变，自然也能对她产生信任感，愿意尝试着如视频中的角色一样面对生活，面对身边的人。如此一来，这样的情感励志类作品才真正做到带给用户积极的力量。

2.5 养狼姑娘：展示另一种独特活法（日常分享类）

我曾在自己的社交圈内看到这样一个短视频：一个短头发的姑娘正在查看一处铁丝防护网角落里的土坑，土坑中有一只毛色灰黄的犬科动物，而她的脚边还有一只大金毛和几只与土坑中的动物毛色一致的"狼犬"。

那位短发姑娘一边拽着土坑中的犬科动物往外拉，一边振振有词地教训这几个试图刨坑"越狱"的大家伙，而即便被拽住也执着地奋力扒土的犬科动物频频回头，似乎要咬那双手，却又总会在碰到时收回牙齿。

许多人看到这个短视频后都在猜测这是什么品种的大狗，而令众人没有想到的是，视频中除了那只金毛确实是狗，其余的"狼犬"全是货真价实的狼。

2.5.1 另辟蹊径，激发用户的好奇心

"养狼的姑娘文静"是这位短发姑娘最开始的快手 ID，她叫杨文静，是一位并不"文静"的养狼人。杨文静从小生活在草原上，当绝大多数人还只见过人在草原上放牛、放羊时，一个选择在草原上放狼的年轻姑娘很难不引人探究。

虽然不是特意为了拍短视频而去养狼，但开启了养狼生涯的杨文静意识到了自己正在做的事情对于大众而言有多"特别"，因此便加入了快手这一大家庭。

"其实很简单啊，就是平时给它们喂肉、打水、驱虫、打疫苗，然后用直播挣来的钱给它们完善狼院设施，让它们不打架就行。"

在面对媒体采访时，大家最好奇的"如何饲养狼"这一问题在杨文静的眼里就是如此简单。大家敢想不敢做，甚至许多人连想都不敢想的事情，却是杨文静的日常工作。

杨文静胆大心细，她很清楚自己与狼进行什么样的互动最能勾起大家的好奇心，因此，她分享的养狼日常总能引发人们的好奇心——杨文静是不是真的和凶兽亲密打闹，如图2-26所示。

图 2-26　杨文静部分短视频

2.5.2 注重细节,提高用户留存率

意识到自己正在做的事情很受关注,缘于杨文静一次偶然的日常分享。那天,杨文静刚把一段养狼日常短视频上传到账号上,就得到了平台的首页推送,自那天起,杨文静的粉丝越来越多,她也越来越频繁地更新日常,甚至开启了直播模式让大家在线看她养狼。

但由于人与狼亲密接触太罕见,因此很多人的第一反应仍然是怀疑那群狼是哈士奇,甚至可能是另一个品种的狼狗——连看过视频的人都时常会有这样的想法,更不用说那些只有兴趣在封面停留一两秒的人。

怎样才能吸引每一个刷到视频的人看完视频呢?

在拥有了具备绝对优势的内容之后,如何将内容的优势发挥到极致成了杨文静接下来亟待攻克的难点。

很快,杨文静就找到了一种抢眼的方式:为短视频拟定简明扼要又充满悬念的标题并放在最显眼的封面上。例如,"狼要越狱""狼嘴夺食"等,让人忍不住要一探究竟,再配合她与狼亲密接触的封面照,让人很想"开开眼界"(见图2-27)。

图2-27 杨文静部分视频封面

此外，她还会去流量大的直播间给当红主播刷礼物，"养狼的姑娘"这一吸睛的 ID 让杨文静每次都会收获众多新粉。

她也学着装饰自己的主页封面。在很长一段时间内，一张张开着的狼嘴靠近杨文静的照片是她的主页封面，那陷进肉里几乎快要穿破皮肤的尖牙，能给每一个看到这个画面的人带来相当震撼的视觉刺激，如图 2-28 所示。

图 2-28　杨文静早期快手账号主页

诸如此类能产生强烈视觉冲击力的细节，给每一个看到她的人留下难忘的印象，甚至可以直接吸粉。

2.5.3　致力公益，塑造社会责任感

养狼要靠耐心和爱心，在某次采访中杨文静十分真诚地说道："别人都觉得狼血腥残忍，但我却不这么认为，我觉得它们也挺温顺可爱的，尤其是看它们大老远冲我跑来的那一瞬间，简直太温暖了。"

正是这份发自内心的喜爱，让杨文静的养狼日常短视频除了刺激的人狼接触外，还有更多的暖心细节。例如，狼院因为条件简陋没有自来水管，冬天一到，提前为狼群准备的水便会很快结冰，于是她每天起早去几千米外的水井打水；最开始养狼的时候，杨文静遇到过因为戒备心过重而不肯进食的小狼，为了保证小狼的饮食，她耐着性子每天站在笼子门口陪小狼说话，逐渐建立起信任感后，杨文静会拿着肉一点点地喂它；为了培养这群圈养狼的野性，带它们去野外练习捕猎……

而杨文静也并非一开始就是短发，在最初的几个短视频中，杨文静有及腰的长发，常常梳着青春靓丽的单马尾，但没过多久，她将头发剪短，一直到现在。

"知道我为什么把头发剪了吗？因为狼太喜欢往我身上爬了，每次都抓到我的头发。"在她心中，最重要的事情就是照顾好这群狼，"我和它们在一起的每一天都是幸福的。"

在短视频与直播中一直以热爱狼的形象出现的杨文静会在直播中批评伤害野生动物的行为，努力在短视频中展现狼身上可爱的一面，

并多次呼吁大家保护野生动物,保护生态平衡。甚至她所在的狼院也加入了野生动物保护协会,希望在合适的时机能合理放生圈养狼并保护更多需要保护的狼群。

这些公益行为由杨文静做出时,更有说服力——人们一直看着她养狼、护狼、爱狼,而她也获得了更多的认可。

第3章

不一样的快手内容生态

快手之所以能在众多短视频平台中"鹤立鸡群",与它与众不同的内容生态有着千丝万缕的关系。早期的快手虽然为了深入下沉市场背上了"土味"的标签,但随着平台的探索与发展,快手已经逐渐融合了众多年轻人的口味,在对主流价值观的坚守上也频显锋芒。

3.1 快手告别"土味内容文化"

"土味内容文化"曾是快手的标签。快手作为致力于深耕下沉市场的短视频平台,由于其目标用户的定位与流量分配原则,对运营者而言几乎是"零门槛"。

"零门槛"则意味着平台对用户没有过多地甄别与过滤,在快手上有许多简单、夸张的内容,最终大量令人捧腹的"土味"作品便将"土味"这一标签牢牢地贴在了快手身上。

随着时代的发展,"土味"极大地限制了快手的发展与商业变现,在短视频行业竞争越发白热化的当口,快手决心告别"土味内容文化",带着全新的面貌出发。

3.1.1 "去家族化",引入成熟 MCN

"家族"是快手运营者特有的组织形式,即多个快手运营者通过拜师、收徒、签约等形式组成一个运营团队,团队成员之间会互相引流。

家族互带模式是早期快手生态的独特风景线，平台的用户调性、社区氛围以及基于用户黏性的运营模式，造就了快手家族间特殊的氛围。

这种特殊氛围固然是快手运营者的圈粉利器，也是快手能迅速发展起来的重要原因，但随着快手运营者纷纷开始尝试更多元化的流量变现路径，家族之间不可避免地频发矛盾，"家族"与平台间的关系在这一阶段早已变得微妙。

对此，快手选择"去家族化"，引入成熟的MCN机构（见图3-1），打破"家族"给快手带来的桎梏。

图3-1 快手平台MCN机构申请入驻界面

在商业化的过程中，成熟的MCN机构在对接供应链与广告商时会比个人KOL拥有更强的谈判能力，当品牌方需要在平台做推广时，对方不必对接快手运营者，只需找到机构。而机构无论是在处理效率还是专业度上，都远比对此环节一知半解的快手运营者更有优势，因此能大幅提升快手运营者的变现效率。

快手自2018年年底主动引入MCN机构起，仅在半年时间里便已有800多家MCN机构入驻，在随后的光合创作者大会上，快手又宣布了针对该模式的流量扶持计划。

除此之外，快手还在 2020 年推出了针对批发城与线下实体店的优惠形式，包括免除平台带货的认证费与小店保证金等举措。在快手带货榜单上，许多批发城与实体店的老板也榜上有名，这足以说明官方的主动扶持对快手去"家族化"产生了良好的促进作用。

3.1.2 "破圈运动"，淡化"土味"标签

许多对快手较为熟悉的人都知道，快手短视频的异军突起，在某种程度上归功于它的"老铁"文化，即快手运营者称呼用户为"老铁"，营造亲近感，获得用户群体的信任，从而与其建立较为牢固的社群关系。

然而，"成"也"老铁"，"败"也"老铁"，正因为"老铁"文化的深入影响，大量用户给快手平台贴上了"土味""低俗"的标签，再加上抖音等以潮流风格吸引了广大用户，平台与其上的快手运营者的压力与日俱增。

那么，这种境遇是否意味着快手会选择让"老铁"文化退出"历史舞台"呢？

其实不然，快手并没有彻底抛弃"老铁"文化，但为了推动自身的"破圈运动"，它也在努力淡化"土味""低俗"等标签。例如，对平台内容进行大刀阔斧的改革，加大对视频质量、尺度的把控力度等。

2020 年 6 月 1 日，华语乐坛标志性音乐人周杰伦在快手注册开通了自己首个中文社交媒体账号，不仅如此，周杰伦的杰威尔音乐也与快手达成了合作，快手获得其旗下周杰伦全部歌曲及歌曲 MV 的短视频平台版权授权，今后这些歌曲及 MV 均可在快手播放。这也是快手在 2020 年 1 月与腾讯音乐达成版权合作后，再度拿到的业内头部音乐版权。

对于正在争取获得更多一、二线城市用户的快手而言，在这类人群中拥有极大影响力的周杰伦，无疑是最佳的破圈助力人选。在入驻快手的短短两日内，其账号的粉丝量便已突破 900 万，其发布的 4 条短视频也已有超 3 亿的播放量。如今周杰伦的快手账号粉丝数已突破 3000 万，如图 3-2 所示。

图 3-2　周杰伦快手账号界面

与此同时，快手开始与诸多知名度高的人展开深度合作，例如 2020 年，陈坤、迪丽热巴、杨幂等人陆续成为快手代言人，甚至多次与各大卫视合作举办晚会，快手正快速地开启自己的破圈之旅。图 3-3

为 2020 年 10 月 30 日晚 8 点在江苏卫视播出的快手"一千零一夜"晚会海报截图。

图 3-3　快手 2020 年"一千零一夜"晚会海报截图

而继 2020 年冠名央视春晚后，2021 年的春节，快手再次策划了长达 26 天的"潮乐套餐"，内容丰富，包含脱口秀、演讲、二次元偶像，甚至大热剧集与综艺节目，势必要将"破圈运动"进行到底。

正如快手所承诺的"接受批评，重整前行"，平台多措并举，淡化了"土味""低俗"的标签，焕发了新的生机。

但即便如此，基于"老铁"文化在快手平台形成的老铁经济，仍然是快手主要的底层逻辑。曾经的"老铁"文化，以其独特的原创性在差异化竞争中突出重围，如今，改造之后淡化了"土味"标签的"老铁"文化，也将继续以其特有的方式为快手持续赋能。

3.2　快手最受欢迎的六类内容

虽然因为快手门槛低导致平台上内容庞杂，但不同话题的喜好度各有高低，总有一些内容即便再精彩也只能是人群中的"小众话题"。

对于新手运营者来说，输出最受快手用户欢迎的内容自然是最省事的，而经过年复一年的市场筛选，快手上最受欢迎的内容基本上可分为以下六类。

3.2.1 搞笑娱乐，做生活的调味剂

快手作为国内成立最早的短视频平台之一，其核心属性始终是通过具有丰富表现力的短视频，让用户放松心情，收获愉悦，而搞笑娱乐类的短视频作为平淡生活中的一味调味剂，满足了快手用户的这一需求。

在快手，搞笑娱乐类短视频的核心受众基数相当庞大，因此各种幽默段子、短笑话、真人模仿等搞笑娱乐类内容都能成为短视频的内容主题。

例如，在快手拥有3000余万粉丝的"疯狂小杨哥"就是一对创作搞笑娱乐内容的双胞胎快手运营者。兄弟俩的视频里没有精致的布景，单靠有趣的内容和双胞胎与父母之间自然流畅的演绎，便收获了众多用户的喜爱。2020年，这对双胞胎的作品播放量通常在3000万~4000万，点赞数与评论数也很可观。

2020年7月11日，"疯狂小杨哥"发布了一条拍摄于家中的双胞胎兄弟搞笑日常短视频，该条短视频竟轻松达到近1.1亿的播放量，收获点赞数530多万与十万多条评论，如图3-4所示。

图3-4 "疯狂小杨哥"某作品相关数据（数据来源于新榜）

在快手，这类短视频作品多取材于生活日常，只要多留心生活中

的幽默点滴并适当地加以艺术创作，或者在网络平台寻找一些好笑的段子，自己做好演员与道具的筹备，就可以完成内容的拍摄。

这类内容在快手有许多作品可供参考，新手运营者可以在模仿与借鉴中逐步找到并形成自己的风格。

3.2.2 利用颜值吸睛

卡思数据显示，在过去的两年间，快手平台最受瞩目的内容除了搞笑娱乐类的剧情，便是颜值类短视频。

这类短视频的快手运营者通常会适当结合其他类别的内容，如音乐、美妆、生活记录等内容题材。这些内容与快手的其他热门类别有交叉点，但该类别快手运营者在平台上最大的吸睛点仍然是主播的颜值，因此这类短视频只要主播拥有出众的颜值，做好化妆、造型，选取简单且适合自身风格的场景与内容即可。

例如，因港风穿搭视频出圈的快手运营者梦依外貌出众，且颇具20世纪80年代港星的长相特质，因此其视频基本为港风主题的穿搭、美妆、写真摄像等内容，并配以港风色调的滤镜。如图3-5所示。

图3-5 梦依的快手主页

梦依在室内取景时，周围会布置港星海报，或者布置在早期港片中常见的怀旧款式挂历、风扇等；在室外取景时则会特意选取菜市场、老街道等凸显年代感的场景，以配合整体的怀旧港风调性。

由此可见，这类短视频虽然内容简单，但由于风格鲜明，因此在快手仍能获得大量关注与好评。

3.2.3 技能才艺，用才能赢得关注

技能才艺类的作品在快手平台同样拥有较高的热度，且吸粉能力较强。快手运营者通过短视频向众多用户展示"自己会而其他人不一定会"的技能才艺，很容易获得关注。

例如，不少心灵手巧的匠人会在快手展示自己亲手制作的迷你厨房、手工盲盒等手工作品，健身达人则会制作自己健身技巧的讲解或高难度训练动作的展示短视频，有美术功底的快手运营者可能会放出自己的绘图过程，或者展示自己的创意手绘等。

厨艺、舞蹈、唱歌、乐器演奏等才艺都可以作为视频的内容，快手运营者只要具备一技之长，就可以展示自己的技能才艺，打动用户。绝大多数人总是会对自己不了解或不擅长的领域充满好奇，对有能力者怀有敬佩之情，巧妙利用这种心理，可以让拥有一技之长且能力突出的快手运营者轻松获得大量关注。

3.2.4 励志情感，人生离不开正能量

这个类型的内容便是人们经常提及的正能量，人的成长过程离不开正能量的激励与鼓舞。生活中总有不可避免的遭遇，情绪低落时，这类短视频总能直抵用户的内心，与用户产生情感共鸣。

这类作品制作起来门槛相对较低，形式多样，快手运营者可以将简单的文字与图片相结合，也可以运用符合氛围的素材与相关文案进行剪接，甚至单人出镜，或者编撰脚本进行故事演绎等。只要能明确表达快手运营者想要表达的价值观、人生观，给用户带来正向、积极

的观感体验，就能打动人。

例如，自述一段感情经历、分享一段打拼的岁月……这类短视频总能引起用户的情感共鸣，并且能给用户带来正能量，扫清快节奏生活下人们情绪中的阴霾，赢得用户的关注与点赞。

3.2.5 萌宠萌娃，扑面而来的可爱气息

很多人对可爱的事物没有抵抗力，各类社交平台上的萌宠与萌娃都能轻松斩获大量的流量，在快手也不例外。

在快手首页的推荐视频中，"萌"系的内容始终有较高的关注度，如图 3-6 所示。

图 3-6　快手首页截图

猫、狗这类宠物自然是萌宠类视频的主力军，另外不多见的鹦鹉、仓鼠、白鹅等也能成为吸引用户眼球的主角。萌宠类的短视频之所以可以轻松出现在热门列表里，是因为绝大多数人都有对可爱事物的向往。不少用户有养宠物的想法却没有养宠物的条件，而在快手上观看这类萌宠短视频，既没有门槛也免去了不少麻烦，能轻松观看到萌宠。这类用户为贡献了较高的关注热度。

同理，萌娃类的短视频也能吸引不少喜爱小孩子的用户，这类短视频既能使用户心情愉悦，也能为用户解压。因此，家中有萌宠或萌娃的快手运营者可以考虑将可爱的家庭成员晒出来，或是简单的记录，或是充满创意的配音与演绎，只要拍摄对象足够可爱，就能收获众多

用户的喜爱。

3.2.6 时闻热点，即刻引爆话题

以当下的时闻热点作为短视频主题，抢占时机引发讨论与关注，也能轻松赢得爆发式增长的用户流量。在自媒体领域有这样一个共识：**90%的爆款来自热点**。因此利用时闻热点打造爆款短视频也不失为一种好方法。

利用时闻热点的本质是借势营销，这一方法有以下三大特点，如图3-7所示。

图3-7 借势营销的三大特点

因此，当热点事件发生时，快手运营者只要能够抓住时机，迅速从自己的角度解读热点，配合权威观点进行二次创作，就有极大概率创造热门视频，快速将热点事件中的大量用户关注度吸引到自己的账号上来，收获不俗的效果，这是快手运营者撬动快手海量用户的支点。

通常时闻热点分为以下两类，其特点如图3-8所示。

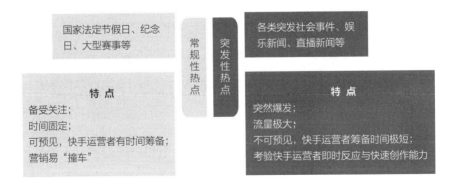

图3-8 两类热点的特点

在利用时闻热点进行短视频创作时，不能单纯为了蹭热点而蹭热点，快手运营者应该先对时闻热点进行多维度的信息分析，迅速明确相关热点是否适合自己账号的定位，并且规划好利用的方式方法，预估最终效果。快手运营者可以通过以下五大维度进行分析与判断。

1. 传播时效

时闻热点具备很强的时效性，在它刚刚爆发的阶段，相关短视频上热门的机会非常大，并且即便只是简单地阐述事件，没有明确的观点输出，也容易收获关注。

当热点事件已经发酵几个小时后，快手运营者就必须拿出优质的观点，进行一定的深度分析，或者包含相关创意内容的短视频才能吸引目光。

若热点事件已经过去 1 天左右的时间，快手运营者还可以对该事件进行较为细致的复盘，对精彩观点进行整合，或者创作与之相关的优质剧情、反转内容等。

如果相关热点已经过去 2 天甚至更长时间，快手运营者便可放弃该话题，专心等待下一个时闻热点的出现。

2. 热度高低

时闻热点也并非每次都是举世瞩目的大事件，这其中也分大热点与小热点，根据事件的热度高低，快手运营者可以巧妙调整自己的创作频率与力度，做到"大热点多输出，小热点巧输出"，如此既能利用好热点事件，也能更好地分配自己的精力与时间，避免多余的创作。

3. 受众范围

快手运营者的账号在运营初期都会有一个相对固定的"人设"，因此在热点事件发生时，快手运营者还需要分析这次事件的受众范围：

它属于哪个领域？什么类型的用户会对此感兴趣？自身账号的受众群体是否会对该话题产生兴趣？

明确了时闻热点的属性后，便能进行更符合自身账号的创作：若领域重合自然方便；若领域有别，也可以考虑将话题带入自己的账号垂直领域，这将是一个很好的创作方向；若领域确实冲突，则建议快手运营者放弃该热点，静待下一个合适的时闻热点出现。

只有清楚时闻热点与快手运营者自身的账号定位是否相关，才能巧妙利用该热点为自己带来真实的效益，否则强行"蹭"一个与自己的账号定位毫无关联的热点，最终只能加深用户对热点事件的印象，却无法让自己的账号从热点事件中收获有效流量。

4. 话题性

快手运营者还需考虑时闻热点在快手的话题性，该事件能否引起快手用户的群体讨论，是否可以轻松引发快手用户主动参与传播……只有存在观点的碰撞才更能激发用户的参与动力，快手运营者需要利用热点事件实现用户间的大量分享与互动。

有些热点话题虽然存在较高的关注度，但在快手较难引起广泛的讨论，因此便不适合快手的运营者对其进行创作。

5. 风险性

时闻热点的巨大流量是一把双刃剑，虽然能在短时间内为快手运营者带来大量曝光，但也因此将账号暴露在了更多的审视目光之下。所以快手运营者在利用时闻热点进行短视频创作时，即便不一定需要绝对客观，也一定要保持理智，不要触碰法律法规与道德伦理的边界线，并规避相关风险。

3.3 新晋三大网红内容领域：快手小剧场+快手课堂+快手非遗

快手并不满足于因风格定位带来的独树一帜之感，还始终致力于新型内容领域的开发与拓展。在快手运营者的创新探索与平台的大力扶持下，快手小剧场、快手课堂与快手非遗迅速成长，并且正在一步步成为快手平台的流量"王牌"。

3.3.1 快手小剧场：深挖短视频内容市场，实现多元掘金

相信不少人都看过这样的短视频：时长只有短短的一两分钟，没有眼熟的演员，没有众所周知的大IP，可偏偏靠着直戳看客兴趣点的反转与不输电视剧的良心制作，引得人们忍不住想要看下去。

而这类连载式短剧往往都有一个共同点：想要继续看接下来的剧情，便需要上快手搜索相关ID观看其作品。这几乎可以说是快手特有的短视频领域，在快手灵活自由地刷短剧、追短剧已慢慢成为一种"潮流"。

2019年8月，快手的"快手小剧场"入口建立，快手运营者在发布作品时添加#快手小剧场#标签即有机会被该频道收录，短短数月，短剧作品在快手蓬勃发展，拥有良好的成长态势，2020年7月快手首次推出分账政策，并进一步开展精品短剧的引入战略，推动了快手优质短剧的成长与发展。

快手大数据研究院与快手短剧联合发布的《2020快手短剧生态报告》显示，截至2020年年底，快手小剧场已收录短剧超过20000部，其中已有超过2500部短剧播放量破亿，上千位短剧的快手运营者粉丝数已超百万，而粉丝数突破千万的快手运营者已有三十余位。

这一系列的数据彰显了快手短剧生态的蓬勃发展。快手小剧场的出现不仅为众多用户带来了更优质、更多样的休闲娱乐方式，也振奋了影视相关行业从业者的信心，引来更多的快手运营者加入短剧作者的行列。在短视频市场逐渐饱和的当下，短剧的横空出世吸引了更多相关机构与商业品牌的加入，甚至吸引不少长视频巨头纷纷入局。

1. 题材多样，视角多变

《2020快手短剧生态报告》显示，关注快手小剧场的女性用户略多于男性用户，但总体比例较为均衡，而在内容偏好上，男女用户的差别较为明显，同时，年龄也成为用户群体观剧偏好的一大影响因素。

女性用户更关注家庭、友情、爱情方面的内容，尤其热衷于高甜、古风、逆袭、校园等短剧元素，其中"60后"与"70后"普遍关注家庭话题的短剧，"80后"爱看高甜类的爱情短剧，而"90后"则对扭转命运的逆袭类作品颇为喜爱，"00后"对友情类短剧的兴趣高于爱情类。

男性用户对短剧风格、主题的选择相较女性则更为集中，普遍偏爱搞笑逆袭类的短剧，其中"60后"与"70后"的男性热爱正能量题材，"80后"与"90后"更偏爱搞笑类短剧，而"00后"的男性对含有动画、魔幻元素的内容更有兴趣。

在观看方式上，男女用户间也有较大的行为差异，尤其是在"00后"用户中这种行为差异更为明显：女性用户比男性用户有更多的耐心，针对女性用户的短剧完播率更高，而男性用户更爱切剧，但对短剧的点赞热情都较高。

如此丰富多样的用户需求使得快手小剧场的短剧题材丰富多样，尤其区别于传统电视剧的是，快手小剧场中不仅有传统的第三人称视角的短剧，还有许多第一人称视角的短剧，这类短剧以恋爱剧为主，极具带入感，能为喜爱这类题材的用户带来更为惊喜的体验。

2. 创作主力军优质化、年轻态

《2020快手短剧生态报告》相关数据显示，截至2020年年底，快手小剧场中短剧的创作主力军主要集中在一二线城市，这部分快手运营者的占比高达74%，若以年龄维度划分，则71%的短剧快手运营者为"90后"与"00后"。

这样的快手运营者分布态势表明，快手短剧的制作早已告别最初的幽默段子式的野蛮生长，已经吸引了更多的相关从业者加入，正逐步走向专业、系统的发展阶段，优质化、年轻态的创作主力军正在提升快手小剧场的作品质量，为快手的短剧爱好者提供更为优质的观剧体验。

例如，冯巩老师便"触电"快手短剧领域，在自己的账号中留下了许多幽默、短小的情景喜剧，如图3-9所示。

图3-9 冯巩某短视频截图

除自带流量的演员，也有如戴较瘦Divanna这样的科班出身的专业从业者在快手进行短剧创作，如图3-10所示。

图 3-10　戴较瘦 Divanna 的作品主页

在戴较瘦Divanna正式开启短剧创作路之前，便已经获得国际奖项的提名。因一次模仿而在快手大火，让她萌生了创作快手短剧的想法。由这些创作者的加入可见，快手小剧场的影响与流量的确具备强大的专业号召力。

优质的创作主力军也在完善、优化快手小剧场的社会角色，有一位"90后"创作短剧的快手运营者，他在快手策划运营了一个名为"名侦探步美"的账号，该账号主要以教孩子如何自救为主题创作了许多短剧，如图 3-11 所示。

图 3-11　名侦探步美部分作品

他创作的短剧与其他以儿童安全教育为主题的短剧最大的不同在于，其他同类型的短剧多从大人的视角出发，教大人如何帮助小朋友，但他的短剧则以小孩视角为主，他认为教会孩子遇到危险该如何自救是更重要的。因此他创造了小侦探"步美"的角色形象，让孩子通过短剧牢记安全知识，同时也赋予了快手小剧场中短剧作品更多的社会责任。

3. 为平台开启多元掘金之路

《2020快手短剧生态报告》对快手用户的短剧观看习惯进行了详细的剖析，除短剧题材与用户的维度分布有规律关系以外，甚至短剧播放在一周时间内的题材分布与时段分布也有规律可循。

报告显示，通常古风短剧在星期一与星期二可以达到33%的播放占比，而在星期三、星期四有43%的人需要正能量的短剧进行"充电"，周末则是高甜、悬疑等类型短剧的播放高峰。而在一天中，6:00~8:00、11:00~13:00、19:00~21:00这三个时段为播放高峰，正对应用户的上下班与午休时段。

这些数据说明，篇幅短小、节奏紧凑的短剧正在逐步占据用户的碎片化时间，短剧市场的潜力正在被激发并且拥有更多的挖掘可能性。而如何从这样一个市场掘金自然也成了众多快手运营者重点关注的问题，目前，快手小剧场的优质内容主要源于以下三种组合。

（1）网文IP + 短剧

在短剧市场逐步壮大之时，快手又与趣头条旗下的网络文学产品米读达成了合作。米读授权快手进行自身原创热门网文IP的短剧改编与抢先独播，而快手则为米读授权的独播短剧提供更多流量的支持与宣发。

在这种合作模式下，双方已成功推出如《河神的新娘》《闪婚萌妻》

等多部精品短剧，累计播放量已超过 15 亿，全网粉丝量突破千万，实现了双平台的互惠共赢。

例如改编自米读的古装短剧《一胎二宝》，如图 3-12 所示。

图 3-12　《一胎二宝》部分剧集截图

该短剧在单集短短 2 分钟左右的时长里平均有四五次转折，不仅情节推进快，还总能给用户带来意想不到的剧情发展。该系列剧在快手已斩获超 3 亿的播放量，不仅让快手运营者"御儿.（古风）"在两年时间内快速收获 1700 多万名粉丝，还助其通过快手分账政策实现上百万元收益。

由于快手运营者本身便是古装爱好者，"御儿.（古风）"还会进行古装穿搭及妆容的推荐及带货，例如 2020 年 8 月 9 日当天的直播便已实现超 127 万元的成交额。这样的带货成绩由其优质短剧作品所带来的巨大流量转化而来，否则，单纯凭借一个古装爱好者的身份则很难实现。

由此可见，本就具备一定热度的网文 IP 是短剧创作的优质素材，这不仅可以为快手小剧场增添更多的流量热度，其成熟的故事也能加快小剧场的产出节奏，让快手小剧场的掘金之路在保证质量的前提下更为顺畅。

（2）品牌+短剧

快手小剧场优质的发展前景也促使它成了新的营销阵地，2020年9月10日，喜剧演员沈腾在快手开启了自己的直播首秀，直播当晚，快手宣布将与"开心麻花"展开从短剧制作、喜剧人选拔培养到综艺IP打造等全方位的喜剧生态建设合作。

快手与开心麻花的强强联合无疑在内容市场上投下了一枚"1+1＞2"的喜剧炸弹。而首次将金牌喜剧IP引入线上的快手，上线了由蒙牛臻享冠名的全网独播短剧《今日菜单之真想在一起》，如图3-13所示。

图3-13 《今日菜单之真想在一起》短剧海报

该剧以男女主角名字为该品牌产品的谐音为切入点，将产品的特质与品牌理念植入剧情，这是快手与"开心麻花"共同为品牌量身定制的专属剧集，在两大品牌的加持下，该短剧表现不俗。

品牌营销的最终目的往往是强化用户对品牌产品的认知，并进一步将这种深度认知转化为实际销量。快手、开心麻花、蒙牛臻享的合作是一次全新的内容营销尝试，区别于传统的单向植入式营销模式，高质量的趣味短剧更能激发用户的观看兴趣，通过合理的品牌产品植入，用户对产品相关信息的接收方式由以往的"被动"转变为"主动"，这不仅更能让用户接受品牌的产品，也能进一步提高用户对品牌的信任度。这种互惠共赢的模式将会成为品牌营销的一大重要选择。

（3）MCN＋短剧

与此同时，诸多专门孵化短剧 IP 的 MCN 也在快手小剧场的土壤中迅速成长，有的则是应运而生。

其中，头部 MCN "古麦嘉禾"在快手小剧场领域推出了"千穗""顾城""名侦探小宇"等诸多快手运营者 IP，以流量矩阵的形式，输出精致的短剧内容。古麦嘉禾培养了多个类型的短剧快手运营者，为多领域品牌定制短剧内容，助力相关品牌的曝光，完美融合短剧与快手电商生态。

正在快手内容风口之上的短剧创作无疑已成为快手现阶段最引人注目的业务发展方向之一，它正在逐步成为快手内容消费的核心驱动力。快手也正从各维度促进内容升级，无论是现金激励还是收益分账，致力于寻找优质快手运营者创作优质短剧，正在助力更多快手运营者和相关机构开启快手小剧场的掘金之路。

3.3.2　快手课堂：最实用的社会课堂

在快手，用户不仅可以通过短视频休闲娱乐，还能付费学习。

小小的手机屏幕能否为努力向上的年轻人提供助力？这是宿华

与程一笑一直在探索的命题。最初,快手课堂只是被隐藏在快手实验室中的一项实验功能,如果不仔细看,你很难发现它的入口。在快手App全新改版后,快手课堂作为"在家学习"的功能被收在侧边栏的"更多功能"中,如图3-14所示。

用户可以通过"更多功能"中左下角的"编辑"按钮将"在家学习"功能添加到侧边栏的首页,方便使用,如图3-15、图3-16所示。

图3-14 快手侧边栏中的"更多功能"

图3-15 侧边栏功能编辑界面

一边是多领域知识型专家与技能型经验者,一边是对学习有需求,却受制于各种客观条件无法进行系统化且低成本学习的庞大群体,如何让这类人结合起来?这便是快手开发快手课堂项目的初衷。

1. 用户有需求

在 2018 年的一项针对三四线及以下城市年轻人的调查中，快手课堂项目组的研究人员从样本中总结出了两类典型的小镇青年，一类是安于现状的，一类是对自己的未来充满期望的。

在对人生饱含希望的人群中，只有一小部分人可以通过高考实现自己命运的改变，而更多人不得不在初中、高中毕业后面临残酷的生存现实，许多人因此离开家乡寻找工作机会。越来越多的小镇青年迫切希望自己可以扎实地掌握一门足以养活自己的手艺，那将是他们安身立命，或者改善生活的根本。

图 3-16　编辑后侧边栏首页效果

来自江苏徐州的于涛便是怀有这份希望的人，他在村里有十多亩地，尝试种植多肉植物的他在这个领域没有经过体系化的培训，身边也没有可以请教的专业老师，只能在网络上搜索资料，摸索门路。

后来，他在快手开通了自己的账号，在日常的多肉植物种植分享中结识了许多同行，也因此误打误撞地遇到了自己多肉种植之路上的"导师"——杏花岭上的养花少年。

杏花岭上的养花少年虽然年龄比于涛小，但由于本科四年学习的是植物保护专业，毕业后又在家乡养了五年花，因此专业理论知识与实践经验都十分扎实丰富，这两个相隔千里的青年人通过快手进行了简单的交流。而杏花岭上的养花少年在快手课堂推出的专门讲解仙客来、长寿花及海棠相关种植与养护的课程，也成了于涛的学习内容。

"讲得太专业了，很透彻。"这是于涛在学习后最大的感受，因为快手课堂的存在，他的系统化实用知识的学习需求终于得到了满足。

实际上，像于涛这样的人还有很多，满足这群人的学习需求成了快手义不容辞的社会责任之一。

2. 建立连接，产出有回报

一直以来，技能知识类的内容在主打记录生活的快手上始终处于自发生长状态，而这种单纯源于用户自发行为的状态很难实现长久的良性发展。对于产出技能知识类内容的快手运营者而言，他们除了在快手收获各种互动带来的心理安慰以外，还应该得到额外的实际回报，这样才能促使这群产出技能知识的快手运营者更加积极且长久地产出优质内容。

在一次采访中，快手教育生态负责人涂志军表示："快手要做的就是把大量的知识生产者与需求者连接起来。"

因此，一场自下而上的社交性学习商业化革命拉开了序幕，快手课堂项目组着手知识技能供给端的汇集，尝试将知识系统化，争取做到让所有有需求的用户可以通过极低的费用赢得优质的学习机会，以此为有学习需求的用户与可输出知识的快手运营者带来更好的体验。

在快手课堂启动不到半年的时间里，功能板块内便有超过2500名的专业老师或经验者进行了知识技能的付费分享，有20多万人通过该功能进行了学习。

3. 定位准确，用有温度的方式平衡教育资源

进入快手课堂可以发现，快手课堂中的课程五花八门且十分接地

气，例如麻辣烫冒菜开店技术教程、自学竹笛快速入门、如何使用电脑软件模拟宇宙等，小到烧好一道菜、种好一盆花，大到电脑软件速成、维修精密设备。

乍一看这些课程可能不像那些付费课程那么高端深奥，但因为足够独特，在付费内容市场中形成了差异化，所以它才能更加接近快手平台的主体用户，成为"每一个快手家人都能参与和发展的社会大学"。

宿华曾说："例如烧烤，在很多地方都是年轻人最低成本的创业项目，一个烧烤店就能撑起一个家。"这些不够"高大上"的知识或技能对于许多快手用户来说却十分实用，或许他们有的人只要学会了其中一种技能，就能改善自己的生活，甚至改变命运。

来自四川的阿浪便是快手课堂的典型受益者，他出生在一个贫困家庭，因为家庭的缘故身负一大笔外债。这样的家庭条件使得阿浪不得不在初中毕业后就出去打工。他的人生上限原本几乎被锁定，但在一次关于丑苹果的快手短视频分享中，大量的关注使他意识到了其中的价值。

随即，阿浪通过快手认识了十几个对丑苹果感兴趣并且学历也不高的年轻人，他们组成了一个专门售卖丑苹果的小团队，仅第一年，他们就卖出了上百万斤丑苹果，阿浪自己赚到了60万元。随后这个小团队的成绩越来越好。

阿浪能通过这种方式改变自己的命运，快手课堂功不可没。在小团队遭遇生鲜品控、线上运营等方面的种种困难时，阿浪甚至都不清楚自己的团队遇到了怎样的瓶颈。在与"过来人"的社区交流中，阿浪慢慢摸清了问题所在以及团队对相关专业知识培训的迫切需求，快手课堂有为他们量身定制的课程，"充电"后阿浪的团队在这条路上得以越走越远。

在快手看来，虽然三四线及以下城市与乡镇的青年人一直都需要一个稳定的输出知识技能的通道，但这股平衡教育资源的"力"必须量身定制，因此快手课堂的课程始终以平台用户需求为先。快手课堂"社交＋教育"的模式也逐步推广开来，让更多的人以自己的方式参与其中，在课堂内外延续社交，保证了知识技能传授过程中的温度。

从内容付费分享与社区互动，到改善每一位普通用户的生活，在有温度的社区生态中，平台与用户都得到了成长。毫无疑问，"接地气"的快手课堂并不会迎来更大的商业突破，但正因如此，快手课堂的存在反而更像一场带有公益性质的社会教育，承载着快手一直追求的利他价值与社会责任心。

3.3.3 快手非遗：1＋1＞2，让快手与"守艺人"一同被看见

2019年3月27日，快手在北京正式召开"快手非遗带头人计划"发布会，该计划旨在以快手的巨大流量助力非遗传承，并协力开发非遗文化的市场价值。

实际上，在快手正式提出计划之前，就已经有不少非遗"守艺人"开始尝试通过短视频平台获取更多的助力，他们在快手上发布有关非遗的内容，以此得到网友的关注。而"快手非遗带头人计划"的正式立项无疑代表着"守艺人"的舞台将变得更加广阔，快手的助力不仅可以帮助非遗文化突破地域限制，还能将各种非遗作品以更多元的形象展现在全世界人们的眼前。以此为起点，快手开始了接下来与非遗"1＋1＞2"的化学反应。

1. 流量与匠心，天然优势的强强结合

在互联网尚不发达的年代，手艺人们只能通过报刊、书籍、博物馆等局限于某一地区的平台与方式进行传播，因而虽然我国拥有极为丰富的手工技艺、民俗活动，以及多种多样的传统表演艺术，但仍然

鲜少被大众所熟知。

随着生活方式的改变，手艺人们展示手艺的场所、时间越来越少，许多手工爱好者也不清楚应该去哪里观摩、学习，这样的恶性循环逐渐成为非遗传承所面临的巨大障碍。

而快手坐拥大的流量池，无疑可以为非遗注入新的活力，对于快手而言，手艺人们亦代表着稳定、优质的内容输出。无论是制作传统乐器，还是深入少数民族的日常生活，那些或质朴或精美的手工艺品都有值得分享的制作过程与故事。

在略显浮躁的现代生活中，专注于一件不被太多人熟知与追捧的事情太过难得，这份匠心在快节奏的短视频平台显得独特而又动人，在中华传统文化的影响之下，对平台用户有着不同寻常的吸引力。

快手的流量为非遗注入活力，手艺人们的匠心又为快手的内容市场增添了坚实、醇厚的底蕴，不得不说是一场两方天然优势的强强结合。

2. 内容升级与多元变现，突围困境的互惠共赢

快手早期对短视频内容管控力度不大，由于从一开始便面向三四线及以下城市与乡镇地区，用户整体素质参差不齐，导致平台在初期存在不少价值导向有误的短视频及直播内容，也因此有了"低俗化"的标签。

虽然快手在后期多次整改，加大了对低俗内容的审查与管控力度，但"低俗化"的标签仍然伴随着快手。在短视频平台差异化竞争越发激烈的当下，彻底撕掉"低俗化"标签，提升快手品牌的美誉度，是快手打造自身核心竞争力的首要问题。

因此，对非遗的积极态度成为快手升级自身内容市场品质的最大助力，平台在向外界传播非遗的过程中逐渐淡化了自身"低俗化"的标签，实现了品牌升级。

同时，快手不仅为非遗手艺人们插上了传播的翅膀，还带来了更加快速多元的变现机遇。例如，已有 130 余万粉丝的"侗家七仙女"，自 2018 年上半年起便几乎每天都在快手做直播，唱侗歌，织侗布，不仅会展现侗族的传统文化，甚至还会分享大家极少有机会了解的村寨生活日常（见图 3-17）。在早期，每日直播的收入就能达到 1500 元。

除了常规的通过短视频、直播等流量变现方式为手艺人们提供简便、直接的变现通道，在"非遗带头人计划"中，快手还着重从"教育+加速器+社区模块"三个部分为非遗手艺人们提供助力。在快手推出的快手课堂中，有关传统手艺的"手工"板块正是课堂广场上几大重要板块之一。

图 3-17 "侗家七仙女"主页

截至 2020 年年中，板块内已有近百位非遗老师，共开设五百多节非遗课程，逾 3 万名用户选择相关课程进行了付费学习。其中，参与了《百鸟朝凤》《大圣归来》等多部电影音乐演绎制作的唢呐老师陈力宝（快手账号"陈力宝唢呐"），已通过快手课堂实现收益 40 余万元（见图 3-18）。

随之开启的"快手非遗加速器"致力于发掘乡村非遗传承人，入选的手艺人们将会得到管理教育、商业品牌、产业发展等一系列资源。

借助快手的传播推送、深度挖掘与品牌塑造，诸多非遗项目得以成为一汪活水，通过带货与知识付费市场突破"变现难，变现慢"的困境。快手为怀揣匠心而默默无闻的手艺人们打开了通向市场的便捷之路。

图 3-18　陈力宝老师快手平台付费内容页面

3. 活动力度加大，让快手与"手艺人"一起被看见

快手让非遗的传播与变现都不再是难题，也让非遗项目在学徒招收上面临的问题也有了突破口。在非遗保护问题上始终强调"活态性"，即传承与保护的核心在人，随着社会的发展，许多年轻人的人生观和择业心态发生了很大的改变，这无疑加重了非遗传承人的断层现象。

《新闻晨报》曾报道过一位非遗项目传承人的心声，被誉为"乌泥泾最后一代'织布娘'""黄道婆传人"的国家级非遗项目乌泥泾手工棉纺织技艺传承人康新琴说道:"有人问我要把手艺传给谁,我想传给女儿啊,如果有人想学,我也愿意免费教给他们的。"

这不仅是一位非遗项目传承人的心声,也是一代非遗项目传承人的心声,为了让非遗项目更加贴近年轻群体,快手多次组织开展各种活动。例如,加入2020年6月8日至6月14日文化和旅游部组织的"云游非遗"线上推广活动,如图3-19所示。

图3-19 "云游非遗·影像展"快手方活动海报

快手作为此次推广活动的重头戏"云游非遗·影像展"的主要承办方之一,在站内上线了#快手有非遗#话题标签页活动,如图3-20所示。

图3-20 #快手有非遗#主题海报

此次活动不仅鼓励大家上传与非遗项目相关的短视频，还邀请平台上诸多非遗项目传承人与爱好者进行视频互动，在介绍各类非遗项目的同时，也展现了非遗项目的传承魅力。截至活动结束，该标签页面的短视频作品数量达 6 万余条，累计播放量超 2 亿，而该标签页活动也被保留下来，在后期快手陆续展开过多次相关的短视频活动。

快手还曾邀请逾百位优秀非遗传承人为 #我的非遗技艺# 活动拍摄定制短视频，以展示不同种类、不同地区的非遗项目，致力通过新方式，用新态度、新理念吸引更多的年轻人。

在诸如此类的短视频活动中，以往较为单调的讲解与科普，变为人人可自发参与讨论的形式，不仅成功勾起广大用户的兴趣，消除了大家与传统文化的距离感，还进一步提升了大众对传统文化的认知，帮助许多正逐渐被大家淡忘的传统产品重回日常生活。

例如利用传统竹编技艺制作的竹编手工艺品，由于工业化的塑料制品占领了大众生活，竹编手工艺品已逐步退出人们的生活。而在快手，通过短视频呈现的竹编手工艺品的成型过程让不少人重燃了对老工艺物件的兴趣，在东阳竹编非遗传承人"竹编技艺大师（奇人匠心）"的视频下争相求购，甚至想要拜师学艺，这代表着传统技艺传承之路的"复苏"。如图 3-21 所示。

图 3-21 "竹编技艺大师（奇人匠心）"的视频评论

在平台大力推广之下,这些传统手艺所收获的前所未有的关注度,不仅让手艺人们找到了久违的归属感,也让年轻人在传统手艺中看到了自己的新选择。"郎佳子彧"就是一位1995年出生的、毕业于北京大学的研究生,同时也是一位面人手艺非遗传承人,如图3-22所示。

图3-22 "郎佳子彧"快手页面

除了在自己的平台给予大力支持,快手也多次带着非遗项目登上地方卫视的舞台:2020年10月30日,快手与江苏卫视合作的"快手一千零一夜"晚会将非遗项目设计了进去,9位致力于非遗技艺的短视频作者与演员共同亮相;2021年临近春节时,快手又推出了"非遗里的年味"活动,最终有8位被平台挖掘且在活动中表现优秀的快手非遗传承人成功登陆央视,参与了多个春节特别节目的录制。

2021年年初,快手大数据研究院与快手非遗学院联合发布的《2020快手非遗生态报告》显示,截至2020年12月31日,快手的国家级非遗项目覆盖率已高达96.3%,总共1372项国家级非遗项目中,快手的内容市场已涵盖1321项。

由于快手以科技与流量赋能"守艺人",加上非遗项目传承人以手工技艺与文化赋能快手的内容市场,最终实现了"1+1>2"的互惠共赢，将为快手与非遗手艺人带来全新的发展机遇。

3.4 快手内容三大指数的加权规则

基于平台的极简设计与"普惠式算法"的基本逻辑，快手的流量分发规则已经有了大致的框架，而在此之上，对给予用户的流量进行更为细致的划分，则是遵循平台上三大指数的加权规则。

3.4.1 推荐指数：快手的独特机制

许多快手运营者在运营初期，都会对如何吸粉、如何引流等问题感到疑惑，这类问题其实可以通过分析快手的推荐指数，了解其独特的机制来解决。

在快手，短视频作品的推荐量由推荐指数决定，当相关的推荐指数得到提高后，短视频作品的推荐量自然将得到提升，而影响快手推荐指数的指标有以下五个：原创度、活跃度、喜爱度、垂直度和健康度。

1. 原创度

原创度是一个内容运营者创作能力的直接体现，快手也正持续加大对原创内容的保护力度。

创新永远是最核心的竞争力。快手的态度同样也在引导快手运营者：只有注重短视频作品的"质"，制作更多优秀的作品，才能从平台获得更多的推荐机会。

2. 活跃度

快手运营者的账号活跃度与其发布视频的数量挂钩，作品数量越多，活跃度就越高。为了保持及提高账号的活跃度，快手运营者需要积极产出新视频，吸引更多的用户点击观看，以此提高推荐量。反之，如果运营者长期不更新视频，或者更新视频数量过少，那么快手给予其账号的推荐量便会下降，甚至不推荐该账号的视频。

因此快手运营者在注重"质"的同时也需要注重短视频的"量"。只有把"质"与"量"相结合，才能满足用户对优质内容的需求，提升用户的体验。

3. 喜爱度

喜爱度是短视频内容是否受用户欢迎的直观体现，快手运营者提高用户喜爱度的途径之一是增加互动。根据平台的算法机制，快手会以用户与快手运营者的互动数据作为判断依据，决定是否将快手运营者的视频推荐给更多用户。互动指数越高，推荐量越高，反之则越低。

需要注意的是，这里所说的互动应当是双向的，因此当用户对短视频进行转发、评论、推荐时，快手运营者也应积极回应。

4. 垂直度

垂直度是平台对同一账号发布内容专业度的评判，即快手运营者所制作的短视频内容是否专注于某个领域。通常情况下，短视频内容垂直度越高的账号，快手推荐的概率也越高。由此可见，对于快手运营者而言，应专注固定领域，将该领域的视频内容"做大做强"。

5. 健康度

健康度表现为两个方面，一是合法合规，二是言语恰当。网络并非法外之地，我们应当共同建设和谐、健康、绿色的网络环境。快手运营者绝对不能发布涉嫌违法违规、不符合社会主义核心价值观的内容，不能发布不恰当言论，不能故意使用言过其实的标题，避免短视频因内容低俗引起用户的反感。

以上两个方面均会在一定程度上影响快手对短视频的推荐量，因此，作为快手运营者，我们发布的内容应当积极向上，这也意味着快手运营者应当具有社会责任感，多向用户传达正能量。

3.4.2 影响力指数：全方位，综合考虑

一般新手运营者都会意识到短视频的播放量越高，其热度就越高，便能吸引越多的人来观看视频，从而进一步提高播放量，以此形成良性循环。

这里所说的播放量，是短视频影响力指数的一个方面。而影响力指数是快手运营者在试图提高短视频播放量时需着重考虑的因素。一般情况下，影响力指数具有三个维度：播放维度、互动维度和用户维度。

1. 播放维度

播放维度的数据基础是视频播放量，通常播放量是评判视频内容质量的重要标准之一，同时也是平台及快手运营者分析用户行为的重要参考。

2. 互动维度

互动维度的数据基础是用户的评论量、点赞量和分享量，该数据会与视频的播放量一起被纳入平台的综合评估。之后平台会根据整合后的数据自动匹配流量池并进行合理推送，而快手运营者也可以根据互动维度的数据及时调整自身的运营方式。

3. 用户维度

用户对短视频内容的反馈，便是影响力指数的最后一个维度——用户维度，即用户对短视频内容的喜恶评价等。

3.4.3 用户指数：精准定位，有效引流

用户指数主要体现在用户黏度与互动积极性上，短视频的点击率通常情况下是依靠用户指数的提升而增长的。

因此，为了精准定位忠诚度高的用户群体，快手运营者在发布自己的短视频前应该考虑清楚，自己的作品需要吸引哪一类用户，又该如何精准地吸引自己所需要的用户。而平台的用户画像能准确地为快手运营者解决这些问题，因此了解快手的用户画像，是快手运营者运营账号、提升用户指数的基础。

在对平台的用户进行画像时，快手运营者需要借助快手平台的大数据进行相关分析，通过大数据，我们可以得知各类用户群体在全体用户数中的占比，也可以大致明确相应的用户群体的喜好。快手运营者可以据此来确定自身账号对应的用户类型。

根据推算的用户范围与类型，快手运营者可以进一步通过用户画像来大致确认特定用户群体的喜好，从而为这部分用户群体"定制"相应风格与类型的短视频，以达到精准吸引用户的目的。

例如，某快手运营者想要吸引女大学生群体，依据大数据分析得出的用户画像可知，其明确的目标人群是18~22周岁，受过高等教育，平时比较关心美妆、升学、就业等话题的用户群体。那么，接下来该快手运营者便可根据用户画像进行短视频的定向制作。

在快手运营者成功吸引目标用户后，就应该开始积极思考如何留住用户。在短视频账号的运营过程中，快手运营者需要和用户多互动、多沟通，以提高用户黏度，以此实现短视频点击率的增加，最终实现用户指数的提升。通常情况下，快手运营者可以从以下三个方面着手，进行用户指数的提升。

1. 红包、福利

快手运营者可以合理使用平台的红包功能,也可以分发福利,以此"吸粉""固粉",为账号聚集人气。福利的分发形式可以根据自身不同的需求来确定。

例如,快手运营者可以选取在指定短视频下方评论中点赞数最高的几位用户,送出相关的产品或者小礼物。这种方式尤其适合产品测评类或美妆类的快手账号使用,因为快手运营者可以直接将短视频中的产品当作福利送给用户,这样不仅能提升用户的积极性与热情度,为产品塑造良好的口碑,还可以带动用户邀请亲朋好友点赞,增加曝光度,进一步提高用户指数。

2. 互动沟通

快手运营者可以在评论区与用户积极互动,以此增加快手运营者与用户之间的亲密度,增强用户的信任感。

3. 回馈抽奖

快手运营者可以采取抽奖的形式和用户多进行互动,以感谢用户的支持和喜爱,从而增进和用户之间的感情。

第 4 章

三种变现方式，迅速上手变现

快手强社区属性和流量普惠的特质，让越来越多的普通人加入短视频运营的行列，而较大的市场流量与无处不在的商机，使快手运营者在享受创作乐趣的同时，也能有机会在变现的道路上为自己赢得更多的机遇。

4.1 直播达人变现

在快手平台,直播变现一直是最重要的一种变现方式,为了更好地打造平台直播变现的友好环境,快手官方也为快手运营者的直播变现行为提供支持,无论是打赏功能,还是快手小店、佣金模式等,都为快手运营者直播变现带来了便利。

然而"修行靠自身",在快手提供的便利之下,如何依靠自身的"修炼"提升直播变现的速率与效果,是每一位想要通过快手直播变现的新手运营者需要认真思考的问题。

4.1.1 直播变现的两种途径

快手直播变现的方式较为直接,易上手,只要快手运营者为自己的快手账号开通直播功能,就可以通过展示自己的才能或者与粉丝交流互动吸引用户关注。通常来说,直播变现有两种途径,一种是源于传统秀场直播打榜习惯的粉丝打赏变现,另一种是现阶段正"风生水起"的直播带货变现。

1. 粉丝打赏

快手运营者为快手账号开通直播功能后，可以通过展示才能等方式吸引用户关注，在与用户交流互动的过程中可以获得用户的打赏和礼物。这些均由用户付费购买，快手运营者可与快手按比例分成，以此获得收益。因此，如何让用户愿意在观看直播内容的过程中为自己打赏、送礼物，便成了快手运营者应具备的重要能力。

（1）激发用户的助力心理

快手运营者要将打赏变成一种助力行为，要让用户感觉到快手运营者需要他的帮助和支持，有了他的打赏有助于快手运营者创造更多、更好的内容。

但快手运营者要注意的是，一味地"撺掇"用户打赏，却没有后续内容或者能力上的成长将很难留住用户。打赏是一个持续性的动作，只有让用户看到付费之后不断优化的内容，他们才会心甘情愿地继续打赏。从某种程度上来说，打赏有助于形成用户和快手运营者之间的良性循环，用户以打赏换来更好的内容，好的内容又会强化用户的打赏行为。

（2）增强用户的优越感

在直播打赏的过程中，会出现一个打赏数额的榜单，打赏数额越大，排名就越靠前。快手运营者在直播时对打赏礼物的用户表示感谢，这一行为能够让用户感觉到被重视、被依赖，同时也会产生一种优越感，认为自己与快手运营者的距离更近了。

一般来讲，用户的打赏越多，快手运营者的反馈越多，用户的优越感就越强，经常打赏的用户能在直播过程中获得巨大的满足感。通过满足用户的这种心理，能拉近与用户的关系，增强用户的忠诚度，快手运营者就能不断提高自身的打赏变现能力。

（3）改变用户的打赏选项

如果将直播打赏的主动权交给用户，那么愿意打赏的人一定是少数。如果快手运营者能够改变用户的打赏选项，就能够培养用户的打赏习惯，变无为有。例如，快手运营者在直播时将打赏选项从"是否打赏"变成"打赏1元还是2元"，这样就会提高用户打赏的概率。简单来说，就是取消用户不打赏的选项，只留下打赏金额的选项。

这种方式有助于培养一批忠实的打赏用户，快手运营者就能有较为稳定的打赏收入。但是采取这一方式的前提是快手运营者拥有一定数量的用户，且忠诚度较高，否则就会收效甚微。

2. 直播带货

直播带货是快手直播中最直接的变现方式。直播带货就是拥有一定流量的快手运营者与品牌商合作，以推销产品为目的开设一场直播。快手运营者最常运用的直播带货方式就是现场试用产品，因为这样能够直接、有效地传达产品信息。

事实上，快手运营者通过直播积攒了一定数量的粉丝之后，同样可以将流量引至其他平台进行变现。与其他变现方式相比，引流变现的用户忠诚度更高、转化率也会更高。

（1）快手+微信小程序

微信小程序在当下较为流行，它的开发和推广费用低。依托微信的大用户流量，微信小程序的用户群也相对较广。由于微信小程序蕴藏着巨大的用户流量，成为引流变现的有效方式。目前，快手运用较多的微信小程序有"快手购物助手"和"魔筷星选"。

在快手应用中，快手小店内的商品链接可以直接进入"快手购物助手"小程序，用户在此界面点击购买下单时，会再次跳转到快手界面直连的"魔筷星选"小程序，在这里完成商品交易。

"魔筷星选"是一个快手运营者的电商服务平台，服务对象是快手运营者，负责为快手运营者提供交易系统、供应链、培训等一系列服务。其主要功能是帮助快手红人开设个人店铺，同时利用小程序社交电商的特性，完成粉丝沉淀和变现。一般来说，小程序的留存率较高，只要点击了小程序，在微信上就有浏览记录，用户下次使用直接下拉微信即可进入购买。

微信小程序能够激发用户的购买欲，让用户在刷朋友圈的过程中不自觉地被小程序种草，产生购买欲，继而直接进入小程序进行购买。

（2）快手+店铺

"快手+店铺"是引流变现最常见的形式之一。一般来说，拥有一定用户量的快手运营者更适合这种变现形式，因为发展初期的快手运营者粉丝较少，粉丝的忠诚度也不高，转化率相对较低，引流的效果也不好。

如果快手运营者或者品牌商有自己的实体店铺，就可以将店铺作为拍摄的场地，将视频场景与店铺相融合。在这种场景下，用户对产品和品牌的接受度更高，更容易被店铺吸引。

此举不仅可以提高线上销量，还可以将用户引入线下实体店消费。

如果快手运营者和品牌商只有网上店铺，同样可以将店铺与拍摄地相融合。快手运营者将店铺的标志、产品放入视频，同样可以吸引用户的关注，实现引流变现。

（3）快手+新零售

所谓新零售，是指个人或企业以互联网为依托，运用大数据、人工智能等先进技术手段，对产品的生产、流通与销售过程进行改造，将线上与线下进行深度融合的零售模式。零售作为产品直接面对用户的最后环节，对产品品牌的影响力不可小觑。

与一般的直播不同，"快手＋新零售"的模式，更多的是销售零售品牌的附加产品，如电子优惠券，而不是直接销售产品。例如，有的主播在直播间与肯德基、必胜客等商家合作，销售电子优惠券，让用户去线下实体店兑换就餐。这种方式既可以推动用户的线下消费，还可以推动品牌与直播模式的深度融合，打造零售新方式。

4.1.2 带货选品的四个标准

选品不是一件轻松简单的事情，如何为自己的直播间挑选称心如意的产品，是每一位运营新手都会面临的难题。选品的方法虽然五花八门，但万变不离其宗。理解清楚关于选品的四个标准，就是快手运营者们开启直播带货的第一课。

1. 标准一：符合运营者的个人特色

前面曾强调过快手运营者的个人特色对于账号运营的重要性，实际上，快手运营者在为直播间选品时也应注意产品与个人特色的贴合度，这样快手运营者带货的产品才能符合目标用户对该账号的心理预设，提高直播带货的转化率。

例如，号称直播间"男闺蜜"的"口红一哥"李佳琦，其直播间中出现的产品绝大多数都是美妆护肤类产品，专注于让女性更漂亮。

由此可见，直播选品与快手运营者的人设、账号定位是密不可分的——如果让 20 岁的小姑娘在直播间推荐母婴用品，自然会缺乏说服力，因为对此类产品感兴趣的用户更愿意看到有育儿经验的宝妈进行讲解。

网上购物不同于线下购物，用户会抱有更多的怀疑与顾虑，如果直播间售卖的东西太杂，不专注于快手运营者合适、擅长的领域，不仅无法让目标用户快速抓住感兴趣的产品，还会造成"不专业"的印象，失去用户的信任。

总而言之，在选择产品的过程中，快手运营者要先完成自我定位，明确个人特色，建立"标签"，再根据自己的定位挑选相配的产品进行直播展示，这样才能更高效、清晰地将产品亮点传达给对此有需求的目标用户，让用户消费并建立信任关系。

2. 标准二：满足用户需求

在明确快手运营者的个人特色之后，成功选品的第二步便是找准用户需求，对于观看直播的用户来说，其用户需求通常有两个层次：一是用户需求的浅层次，即"兴趣"，通常表现为想要购买某一类产品；二是用户需求的深层次，即"刚需"，是用户购买某件产品的根本动机。

具体而言，会观看美妆类直播的用户，都是对美妆类产品有需求的人，因此直播间不论推荐乳液、精华等护肤类产品，还是腮红、粉底等彩妆类产品，都对用户有一定的吸引力，使其有购买的可能性，这是用户需求的浅层表现。

如果快手运营者能在此基础上挖掘用户的深层需求，有针对性地满足所有潜在用户的"刚需"，则能够创造更多的价值，大幅度提升选品的成功率。例如，秋冬季为用户提供补水功能更强大的护肤品等。

"刚需"产品不仅更容易被用户接受，也更利于爆品的打造，还能有效避免库存积压等问题。因此对于快手运营者而言，挖掘深层次的用户需求，即选择的产品满足绝大多数用户的"刚需"，应该成为一个重要的选品衡量标准。

3. 标准三：分析产品特性

为直播间选取配适产品的第三步，需要从产品自身出发，即全面分析产品的特性。对于产品而言，其特性分为产品的质量和热度两个方面，是快手运营者在选品时需要综合考量的因素。

（1）产品的质量

产品的质量不仅是其生命力来源，更是影响快手运营者与用户之间信任度的重要因素。高质量的产品有利于快手运营者与用户建立良好的信任关系，保证直播的长效性，而假冒伪劣产品会使快手运营者陷入信任危机，对直播事业造成难以挽回的打击。

如果产品质量差，即便快手运营者自身的粉丝效应强大，也很难获得并保持良好的用户口碑，用户黏性也不会太高。相反，若快手运营者的产品质量过硬，实用性强，就算自身原本没有太大的用户基数，也能逐渐收获大批高黏性的用户。

因此，快手运营者在选品时，需要对产品质量严格把关，通常情况下，可以从以下四个方面进行，如图4-1所示。

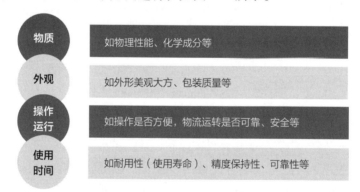

图4-1 对产品质量进行把关的四个方面

根据图4-1可知，快手运营者在考核产品质量时，除了需要对其成分、包装等常规问题进行查验外，还需要考虑实际操作是否方便、产品是否耐用等问题。快手运营者可以参考以下两个小技巧产品进行进一步筛选。

①重量轻、体积小

从产品的展示角度看，重量轻、体积小的产品更便于在直播间进行全面展示，相比之下，大件产品则会有更多限制，逊色许多。

从人工成本看，重量轻、体积小的产品更便于包装，不仅节约人力，还能节省运输过程中额外的包装费用。

从产品收益看，虽然重量轻、体积小的产品竞争相对激烈，利润也较低，但相较于大件产品，重量轻、体积小的产品的发货成本更低，大件产品所产生的运费很多时候甚至会超过货值。

综合考虑之下，重量轻、体积小、便于发货的产品，最终的收益表现往往会好于大件产品。

②多选择低频使用产品

若按照日常使用频次划分，产品可以被分为低频使用产品和高频使用产品两大类。

所谓低频使用产品，顾名思义，是指使用次数相对较少的产品，如螺丝刀，用户日常使用频次不高，但又是生活必需品；而高频使用产品，即指使用频次相对高的产品，如充电线、水杯等，对于用户而言几乎每天都不可或缺。

事实上，从理性的角度分析，任何一款产品都具有生命周期，一个产品被使用的次数越多，其磨损、损坏的概率就越大，越容易出现问题。而在同等时间内，低频使用产品出现问题的概率越低。

从这个角度而言，快手运营者在为自己的直播间挑选直播产品时，为了避免不必要的麻烦，减少售后压力，可以从日常使用频率方面考虑产品，多选择低频使用产品。

（2）产品的热度

产品的热度是指其在销售或社交平台上被搜索的次数，产品被搜索的次数越多，热度便越高，其需求量也就越大。如何判断什么样的产品才是有热度的产品，快手运营者可以从以下两个方面考量。

①**季节性、节日性产品**

在市场上，当季商品通常是需求最旺盛的商品，如夏季的防晒产品、中秋节的月饼、秋季的大闸蟹等。根据时令节气的变化来选择直播带货的产品，往往能产生事半功倍的效果。

②**爆款产品**

爆款产品即一段时间内突然爆红、引人抢购的产品，这类产品最大的优点是带货风险较低，因其往往已经具有一定的热度，所以不需要快手运营者过多介绍、推荐，用户便有兴趣购买。爆款产品的市场需求量通常已经经过测试，快手运营者不用做更多复杂的考量，只需选择热度高的款式便能有不错的销量。

例如，近两年突然爆红的螺蛳粉，因其风味独特受到了大量用户的青睐与追捧，众多平台均有不同形式的螺蛳粉测评，不少品牌的螺蛳粉都有十分亮眼的销量，因此许多直播间都会添加螺蛳粉这一爆款产品。

但要注意的是，并非所有的爆款产品都适合直播带货，因为绝大多数"爆款产品"火爆的时间是有限的。在一段时间过后，由于大部分用户在尝试后好奇心得到满足，"爆款"的市场会逐渐趋于平和稳定的饱和状态，产品需求量将会降低。如果快手运营者只是盲目追求爆款产品，不针对市场需求量的变化及时做出相应调整，后续将出现转化率低的问题。

4. 标准四：了解产品价格

销售行为都会涉及盈利问题，而要想盈利，产品的定价策略就显得尤为关键，因此，高效选品的第四步，也就是最后一个标准维度，便是产品价格。通过分析不难发现，如今许多头部网红主播在产品价格策略的制定上不外乎重视两点：差价、便宜。

（1）差价

所谓差价，即出现在直播间的产品的价格普遍会比市场价格便宜。物美价廉一直以来也正是直播带货能吸引众多用户并火爆的关键原因之一。这样一来，如何实现直播间产品与市场产品之间的价差，便成了快手运营者亟待解决的关键问题。

据悉，当下在直播市场热度高的快手运营者，在选定了某个产品并将其带进直播间之前，会和产品供应商签订协议，保证产品供应商提供给自己的产品单价是市场最低价。

"薄利多销"在绝大多数时候都是销售界的金牌销售定律，尤其是在直播市场，由于高人气的快手运营者带货能力惊人，即便快手运营者售卖的产品有低于市场价的单价，但最后所产生的总利润仍然十分可观。也正因如此，许多知名品牌纷纷不惜降低价格，寻求高人气快手运营者为其直播带货。

（2）便宜

Quest Mobile 曾有报告指出，如今"90后"与"00后"已成为移动互联网购物的核心群体，这些年轻的"网购主力军"最大的特征就是购物欲望强，比较容易受到诱惑，并且乐于接受新事物。

那么，这群"90后""00后"的消费能力又如何呢？这在 Quest Mobile 公布的一组 2019 年 5 月的数据中有具体展示，如图 4-2 所示。

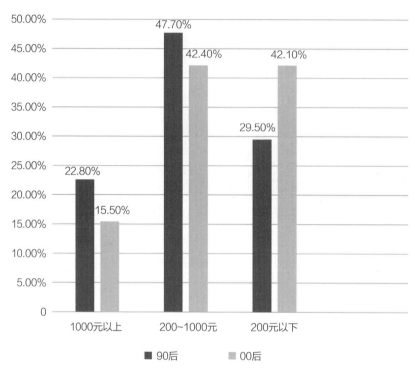

图4-2 2019年5月"90后""00后"线上消费能力

从图4-2中不难看出,如今"90后"和"00后"的消费能力普遍不高,他们更倾向于购买那些价格较为便宜的产品,这影响了许多高人气快手运营者的选品倾向。

在这一点上,高人气的快手运营者便是很好的学习样板,他们的直播间内往往绝大多数都是价格适中的大众产品,而不会选择价位偏高的奢侈品。

与之形成鲜明对比的则是"转行"进入直播界的某主持人,她在2019年10月27日晚上的直播中,选择了一款价格不菲的奶粉和一款貂毛外套,虽然当晚的直播间有162万人观看,可由于产品的价位过高,最后只卖出77罐奶粉,貂毛外套则无人问津。

由此可见,"便宜"对于直播带货而言也有着不一般的重要性。

以上为需要进行直播带货的运营新手分析了"选品"需要遵循的基本逻辑，正所谓"不想当将军的士兵不是好士兵"，同样，不想打造"人气直播间"的快手运营者也不是优秀的快手运营者。

作为直播运营实力的一部分，"选品"一定是快手运营者要重视的准备工作。接下来将详细介绍简单易上手的两种选品方法。

4.1.3 带货选品的两大方法

所谓"七分靠产品，三分靠运营"，对于营销而言，产品的选择是非常关键的一环。产品选择合适，营销事半功倍，反之，即便在其他方面做得再好，销量可能也会大打折扣，快手直播带货尤其如此。

1. 三维选品法

快手运营者在挑选直播产品时，应该如何挑选产品，才能有效提升直播交易额呢？下面将通过简单有效的三维选品法，即从用户、产品、匹配度三个不同的维度分析，帮助快手运营者找到直播选品的最佳方法。

（1）第一个维度：用户分析

在实际运营过程中，快手运营者需要做的第一件事情，就是了解自己用户的基本情况，如用户群体的性别比例、年龄占比、消费水平等。因为不同群体的消费需求与消费能力不尽相同，如果选择的产品与用户需求不匹配，那么用户就无心、无力承担这些产品。

例如，某主播曾在一次卖货直播中选择了貂皮大衣作为带货产品，最终直播结束，貂皮大衣的销量却为"0"。出现这种结果不仅是因为貂皮大衣价格高昂，超出了直播中她所面对的用户群体的经济承受能力，还因为在实际生活中，绝大多数用户对貂皮大衣的需求不高。由此可见，快手运营者所卖的产品如果与用户的需求不匹配，便无法激起用户的购买欲望,自然也就没有用户愿意下单。除此之外,不同性别的用户,其消费行为也有所不同。

(2)第二个维度:产品分析

许多产品即便存在用户需求,也并非一定适合以直播的形式进行售卖,在选品过程中,快手运营者还应该进行透彻的产品分析,即通过产品的需求度、知名度和自身特性这三个方面来分析产品是否适合直播带货。

①从产品的需求度分析

快消品是指那些寿命较短、消费速度较快的消费品,绝大多数的快消品(Fast Moving Consumer Goods,FMCG)都适合直播带货,其对应的消费群体广泛,以快速消费为目的,具有产品周转周期短、便利性强等特点,因此不仅极易被用户接受,还能在短期内实现重复购买。

用户往往对这些产品的功能、性能以及价格都有较为清晰的认知,所以快手运营者只需要对产品进行简单的产品解说、价格对比,便能使用户理解产品特性,迅速做出消费决定。

快消品包括个人护理用品、食品饮料以及药品中的非处方药(OTC)等产品,而直播卖货中出现的快消品一般有以下三类,如表4-1所示。

表4-1 适用于直播的快消品

品种		内容
护理用品	家庭用品	涵盖以洗衣皂和合成清洁剂为主的织物清洁品以及以盘碟器皿清洁剂、地板清洁剂、洁厕剂、空气清新剂、杀虫剂、驱蚊水和磨光剂为主的家庭清洁剂等产品
	个人用品	包括口腔护理品、护发品、个人清洁品、化妆品、纸巾、安全套、鞋护理品和剃须用品等产品
食品饮料		由健康饮料、软饮料、烘烤品、巧克力、冰淇淋、咖啡、肉菜水果、加工食品、乳制品、瓶装水以及品牌米、面、糖等组成

（续）

品种	内容
生活耐用品	包含居家常见的各种耐用品，如榨汁机、电风扇、加湿器、床上用品等

快消品相对于其他类型的消费产品，在购买过程与购买决策方面有着极具代表性的消费特点，主要体现在以下三个方面。

第一，冲动购买。

快消品属于冲动购买类型产品，用户的即兴采购决策占主导地位，且对周围人的建议不敏感。用户购买时的决策往往取决于个人偏好，如品牌、颜色、味道等，对同类产品较少反复比较。所以快手运营者在选择此类产品进行直播带货时只需突出产品的基本特征即可，不用进行太多翔实的解释与横向对比。

第二，重复购买。

快消品具有能够在短期内使用完毕并重复消费的特点，用户需求量大且群体数量相对固定。因此快手运营者可以在直播间对此类产品多次重复带货，这有利于直播间销售额的保持。

第三，受环境因素影响。

产品的外观、广告促销、价格水平、产品陈列、直播间氛围等，都会影响用户群体对此类产品的购买欲望，对销售额起着重要作用。因此，快手运营者在直播间销售此类产品时，可以突出强调上述因素的正面影响。

②从产品的知名度分析

通常情况下，许多大品牌往往具备口碑好的特点，且有一定的群众基础，在品质、售后方面都有保障。大品牌为主播所卖的产品背书，主播为大品牌创造销量，这其实也是一种双赢。

例如，在直播中，用户如果面对的是兰蔻、迪奥等品牌的口红，关心的重点一般集中在色号与质地上；若面对一个不知名品牌的口红，用户的关心重点便会集中在口红的质量上。

③从产品自身的特性分析

有许多产品因其自身的特性，十分适合直播间带货，这类产品在直播带货形式的加持下，可以大大地突显产品的特性，获得意想不到的效果。一般而言，具备以下任意一种特性的产品，都会在直播带货中取得较好的效果。

第一，生产过程可作为消费亮点的产品。

随着用户消费水平的上升，越来越多的人重视产品的生产过程，尤其是食品的种植、生产与加工过程。过去，用户只能看到产品的成品形态，而无法看见形成产品的过程，现在，直播卖货的过程中便能呈现产品生产的过程。

快手运营者可以通过手机向大家直播产品生产的各个环节，用户能够在直播间直观地看见产品的生产过程与生产环境。这种方式既能让用户感到放心，又能让用户从中获得新奇的体验，提升对产品的兴趣。

第二，不便于亲身体验的产品。

在网络购物普及的时代，许多产品是用户看得见、摸不着的，无法通过试用去判断产品的好坏与适合度，直播卖货则一定程度地解决了这方面的问题。快手运营者可以对产品进行试用、试穿，形成直观、有价值的产品展示，将真实的评价反馈给用户，让用户对产品更加了解。

例如，对于服装类的产品，用户在通过网络购物时，往往只能看见商家展示的静态图片，或者经过设计、美化的小视频，其参考性相对较低。而在直播间，快手运营者可以更为直观地向大家介绍衣服的质感、厚度等，甚至通过工作人员的试穿来展现产品的真实效果。

第三，适合团购的产品。

团购，是指将多个用户联合起来集中购买某一个产品，以此加大与商家的谈判筹码，争取以最优价格购买产品的一种购物方式。商家可以给出低于市场零售价格的团购折扣和单独购买时得不到的优质服务。

直播卖货实际上也是一种团购，用户数量多、需求量大，并且可以实现快速销售。因此，过去在各种团购活动中表现较好的产品，非常适合做直播卖货。

快手运营者通过将分散的交易集中起来，一次性达成大额交易，可以极大地吸引流量，积累基础用户。

第四，具有良好展示效果的产品。

展示效果好的产品是利于直播间现场"表演"的产品，便于主播直接演示讲解。例如，家居用品，厨房、卫生间、客厅、卧室里常用的东西。

例如，想证明清洁剂的去污能力，可以让主播现场展示；想销售不粘锅，可以让主播在用户面前炒菜；想证明沙发垫耐磨，可以让主播现场用铁丝球高强度刮磨……这类具有良好展示效果的产品更能体现产品的亮点，更容易得到用户的信任，提高转化率。

第五，标准化类产品。

标准化类产品是指覆盖面更广，能满足多数人的需求，市场空间更大的产品。

以服饰类产品为例说明。为什么睡衣比个性化服装便于讲解和销售？最根本的原因是这类产品几乎所有的用户都能使用，满足了大多数人的需求。在直播间所销售的产品里，服装的退货率多年来居高不下，有时甚至高达60%，这是因为消费者的喜好、身材以及地域上的差异导致商品种类越多，对用户的限制反而越多。相反，设计简单、材质过关的标准化类服饰更容易满足众多用户的需求。

综上所述，快手运营者选择在直播间呈现的产品，应当是受众明确、性价比高、用途广泛，并且与用户的生活息息相关，能满足用户需求的产品。

（3）第三个维度：匹配度分析

产品与主播之间的匹配度，是三维选品法中的关键之处，而这里的匹配度主要包括以下两个方面。

①**主播对产品有一定的了解**

主播只有充分地了解一款产品，才能在短时间内清晰、精准地将产品的卖点——告知用户，让用户产生购买欲。反之则不仅不利于产品的推荐，还会影响用户与主播之间的信任度。

②**产品符合账号的人设**

如前文所提到的，账号的特征越鲜明，就越能吸引用户，越能"黏住"客户。快手运营者既是卖产品，也是卖人设，因此，快手运营者所选择的产品不能与账号的人设有冲突，要留意产品与账号人设的匹配度。

例如，某快手主播是一位宝妈，那么她在直播中售卖婴幼儿用品就会让人信任，而一位未婚女性在直播中售卖婴幼儿产品，就会让人怀疑她对该产品的了解程度。

总而言之，在进行直播选品时，快手运营者应当先充分了解所面对的用户群体，了解产品的特性，了解自己，在多方位的考虑下，选择与直播模式、账号人设均具备高匹配度的产品，这样才能够树立专业、客观的人设形象，实现更有效率的直播卖货。

2. 有机组合法：功能、销量与用途

在直播运营的过程中，快手运营者除了可以通过三维选品法确定带货的产品，还可以考虑有机组合法。通常，直播间里的产品还可以

根据其不同的功能与销量表现，被分为不同的类型，而根据不同的类型去挑选直播产品的选品方法，即为产品组合法。这也是一种高效选品的方法，快手运营者可以从功能、销量及用途这三个角度对产品进行分类。

（1）按功能分

按照产品的不同功能，直播间所展示的产品可以被分为印象款、引流变现款和跑量款三种类型，如图4-3所示。

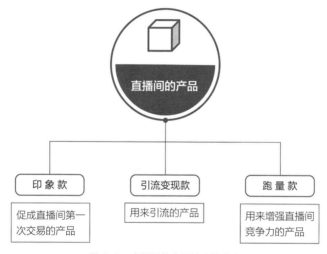

图4-3 直播间的产品按功能分类

①印象款产品

所谓印象款产品，即能够促成用户在直播间达成第一笔交易的产品。

对于任何一场直播而言，只有下了第一单，即完成了在直播间的第一笔交易后，用户才会对直播间及其主播产生更深刻的印象。相应地，才能提升用户日后再次进入该直播间的概率，增大用户在该直播间消费的欲望。因此，在进行直播选品时，印象款产品必不可少。

例如，主卖美妆用品的直播间，可以选择化妆刷、面膜等产品；

主卖女装的直播间，可以选择打底衫、腰带等产品。此类高性价比、低客单价的常规产品，往往是用户群体更容易下单的产品类型。

然而需要注意的是，在所有的直播产品中，印象款产品的占比不宜过高，通常情况下，在所有产品中占比10%~20%即可。

②**引流变现款产品**

引流变现款产品，通常是指帮助促成直播间销售的产品。引流变现款产品往往是直播间重点推荐的产品，是直播间所展示的所有产品中具有独特优势和卖点，能体现直播间定位与特色的产品，其在所有产品中的占比一般不低于60%。一般当直播间的观看人数达到一定数量后，主播便可以正式开始推出引流变现款产品。

③**跑量款产品**

跑量款产品主要是指用来增加直播间竞争力的产品，其最大的特点就是价格低廉。有时跑量款产品不仅不会赚钱，甚至还可能亏本。但由于性价比高，跑量款产品的销量一般都很高，所以跑量款产品通常情况下也是支撑整场直播销售额的产品。

在选择跑量款产品时，最重要的就是产品的货源一定要有保证，除此之外，快手运营者还可以根据产品自身的利润率、热销度等因素来综合考量。通常，直播间可设置多款跑量款产品，适合与印象款产品和引流变现款产品穿插安排，分批推出。

（2）按销量分

除以功能划分外，直播间的产品还可以按照销量来划分，通常情况下，产品会被分为以下三类：热销产品、潜力产品与滞销产品。

①**热销产品**

热销产品，顾名思义是指现阶段乃至未来，销量会保持在一个持续时间长、波动幅度不大的良好范围内的产品，具体来说，在被归为热销产品的直播间产品身上，主要能看到以下四大特征，如图4-4

所示。

图 4-4　热销产品应具备的四大特征

其中,"目前销量好"与"未来销量好"即其字面意思,都很好理解。

所谓"季节性不强",指该产品并不会受到季节的影响,全年都会保持较好的销量增幅。例如,对于空调、电风扇等产品来说,夏季为销售旺季,到了冬季便会进入疲颓期,那么,此类受季节影响大的产品,便不具备季节性不强的特点,因而不能被称为热销产品。

而"非时效性"是指产品的销量要持续可观,不能在短期火爆之后便陷入低迷。

②潜力产品

潜力产品在现阶段的销量往往不会太亮眼,但其销量会呈现上升趋势,在未来会实现较为可观的销量。潜力产品主要应满足以下几个条件,如图 4-5 所示。

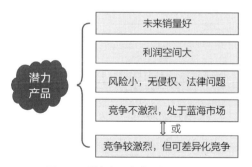

图 4-5　潜力产品应满足的五大条件

其中，前三个条件很好理解，不再赘述。

"竞争不激烈，处于蓝海市场"中所提及的蓝海市场，是与红海市场相对的概念，代表未知的市场空间，具有开创和掌握新的市场需求、不断探索客户潜在需求的战略特征。因此，当一个产品在当下市场上竞争不激烈，处于蓝海市场，并同时满足前三个条件时，它便属于潜力产品。

那么，若产品在满足前三个条件的同时，还处于较激烈的竞争环境中，它就一定不是潜力产品了吗？事实上并非如此，如果产品在当前市场中竞争较激烈，但与同类产品相比，存在差异化竞争，其仍然可以被视为潜力产品。

③滞销产品

滞销产品指销量不理想的产品。此处讨论的滞销产品，不仅是在当前不畅销，未来大概率也没有值得期待的市场前景。

在根据销量将产品分为三类后，快手运营者便需要根据这三类产品的特征进行选品。首先，滞销产品自然需要被排除，因此，实际上快手运营者是在热销产品与潜力产品之间进行选择。

实际上，大多数快手运营者在挑选直播产品时，都会将价格作为主要参考因素，优先选择低价产品。对于运营新手而言，这的确是一种有效率的、可行的方法，然而价格过低的产品利润空间相对较小，竞争反而更激烈，从长远的角度看，这并不是直播卖货的最佳选品。

因此，更明智的做法应该是尽量选择竞争较不激烈，或者虽然有竞争但同时可差异化竞争的产品。

从这个角度来说，快手运营者在选品时，最好选择"热销＋潜力"产品，即选择既具有热销产品特征，又具有潜力产品特征的产品。在实际的操作过程中，快手运营者可以参考图4-6中的选品思路。

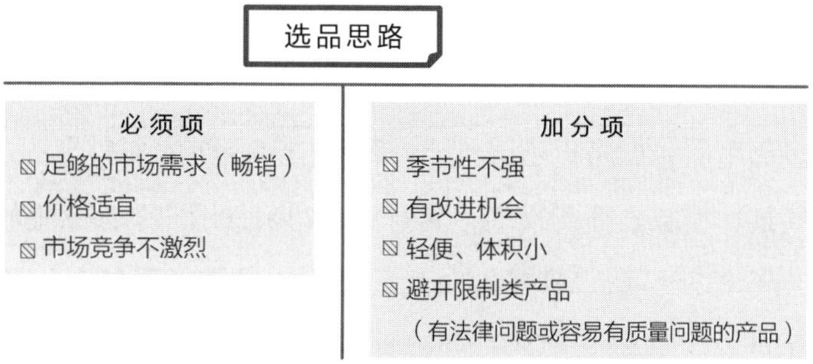

```
选品思路
┌──────────────────┬──────────────────────────┐
│      必须项       │          加分项           │
│ ☑ 足够的市场需求（畅销）│ ☑ 季节性不强              │
│ ☑ 价格适宜        │ ☑ 有改进机会              │
│ ☑ 市场竞争不激烈  │ ☑ 轻便、体积小            │
│                  │ ☑ 避开限制类产品           │
│                  │ （有法律问题或容易有质量问题的产品）│
└──────────────────┴──────────────────────────┘
```

图 4-6 选品思路

（3）按用途分

我们可以将直播间的产品分为三类，即抢拍产品、基础产品和利润产品。

抢拍产品是指低价、限时、限量，需要抢购的产品；基础产品又可以称为经典款产品，其最大特点是销量、评价都不错，用户往往不需要经过太多思考就会购买；利润产品则是指那些对于主播和商家而言利润空间较大的产品。

直播类既要保证销量、能挣钱，又要活跃直播间氛围，让用户始终保持购买欲，那么，单靠这三类产品中的某一类是行不通的，必须将这三类产品进行组合销售。

在组合产品时，快手运营者可以参考以下两种产品组合模式。

①**一款抢拍产品＋一款基础产品＋一款利润产品**

在这个产品组合中，抢拍产品应在直播初期推荐，用于获取流量，等有了一定的流量基础后，再适时推出适合普通大众的基础产品。当流量进一步增多，达到顶峰的时候，便可以推出利润产品了。这样的产品组合，能够保证利润产品得到最大限度的转化。

②**一款抢拍产品＋一款利润产品＋两款基础产品**

这种产品组合和第一种产品组合类似，初期主要依靠抢拍产品获取流量。

熟悉直播的人都知道，直播刚开始的那段时间，也是直播间流量不断上升的阶段。因此，在开播后，主播可以在直播间先做铺垫，待用户逐渐多起来后，就可以适时推出一款抢拍产品作为福利产品，以活跃直播间气氛，增加直播间人气，同时也起到刺激用户购买欲望的作用。

推出抢拍产品后，直播间一般会处于比较活跃的状态，流量也会达到一个高峰，此时，趁热打铁地推出一款利润产品无疑是非常好的选择。在利润产品之后，还可以再推出两款经典基础产品。

4.1.4 带货选品的两类辅助网站

选品往往要综合考量快手运营者、产品以及用户群体这三个因素，因此，一些相关的数据分析网站与货源网站，就成了快手运营者精准有效分析产品、获取产品的小助手。

1. 数据分析网站

目前市面上有许多功能齐全的数据分析网站，快手运营者可以通过这类网站提供的数据服务，十分清晰地了解诸如观看用户数、产品销量等直播间的各项数据,这些都能直观地显示不同产品的销售潜力。因此，数据分析网站可以作为快手运营者在选品时的重要参考，帮助快手运营者做出正确的产品选择。

（1）飞瓜数据快手版

飞瓜数据快手版是专门为快手运营者提供数据的短视频生态服务平台网站，具备热门视频、电商数据、商品监控等多种功能，还会为快手运营者提供涨粉排行榜、热销品排行榜等各类榜单。通过这些数据，快手运营者可以了解不同领域KOL的详情信息，并以此明确受众喜好，分析待选产品的销量数据，及时调整内容方向，其界面如图4-7所示。

图 4-7 飞瓜数据快手版的界面

（2）炼丹炉

炼丹炉是由快手官方投资的大数据分析工具平台，包含监控台、创意中心、热门直播、快手电商、达人广场和快手榜单六个模块。快手运营者可以在快手电商模块查看最新的产品销量榜单，如图4-8所示。

图 4-8 炼丹炉的快手电商界面

该榜单有助于快手运营者快速定位符合自身特色的高销量产品，利用高销量产品的流量，提高直播间的带货转化率。

（3）卡思数据快手版

卡思数据是国内权威的视频全网数据开放平台，拥有专业的快手版本。由于其专业的数据挖掘与分析能力，快手运营者可以在卡思数据快手版上得到关于视频内容创作、用户运营等方面强大的数据支持与帮助，如图4-9所示。

图4-9 卡思数据快手版的界面

在卡思数据快手版里，快手运营者可以利用电商带货板块的数据，通过商品搜索、商品分类、商品价格等多维度的组合筛选，选择自己心仪的产品，决定直播间的带货品类。

以上数据分析平台都是付费平台，快手运营者可以先根据自身的实际需求，综合考量各平台的优缺点，找到对于自己而言性价比最高的平台。

2. 货源网站

在电商的迅猛发展势头下，目前市场上已陆续出现大量支持一件代发的货源网站,如阿里巴巴旗下的1688批发网,不仅品类较为齐全,管理也相对成熟。除此之外,还有很多实用价值高的货源网站,快手运营者可以多加了解,货比三家,根据自身的需求做出选择。

(1)搜款网

搜款网是目前国内领先的B2B服装批发平台(见图4-10),主要经营的产品类别为服饰、鞋、箱包等。该平台入驻的批发商都是实体档口,搜款网也会定期核查档口信息的真实性,因此该平台的产品质量具有一定的保障。

图4-10 搜款网页面

搜款网不仅支持以图搜款,方便用户寻找心仪的服装,还支持一件代发,让快手运营者可以专心于直播带货,不用担忧物流问题。

(2)义乌购

义乌购隶属浙江中国小商品城集团股份有限公司,是义乌小商品批发市场的官方网站。该网站主要经营日常小商品,价位属于中等水平,因此十分适合直播带货品类较广的快手运营者,如图4-11所示。

图 4-11 义乌购页面

（3）NALA 娜拉美妆

NALA娜拉美妆是国内知名的美妆采购批发网站（见图4-12），平台产品均为品牌官方授权的正品，并且提供完善的售后服务。不过值得注意的是，快手运营者在挑选美妆类产品时，最好能先自己试用，对其效果有切实的感受，这样才能更好地推荐给用户。

图 4-12 NALA 娜拉美妆页面

（4）挚爱母婴网

挚爱母婴网是母婴产品的分销平台。该平台的产品种类十分齐全，且产品质量也有一定的保障，因此，主要进行母婴产品直播带货的快手运营者可以通过这个平台来选择心仪的产品，如图4-13所示。

图4-13 挚爱母婴网页面

新手快手运营者，往往由于流量小、用户少，很难得到产品品牌方的主动接触，因此，快手运营者需要"自给自足"，自主寻找合适的产品，利用好产品吸引用户，达到引流效果，这样才能为直播之路创造上升空间。

4.1.5 直播环节的话术技巧

万事俱备后，开启直播的最后一堂课便是掌握直播环节的话术技巧。直播话术是直播过程中促成产品交易的关键，要想让观看直播的用户对产品产生购买兴趣，通常需要使用一些交流话术，而常用话术的设计则遵循以下五个步骤，即直播间五步销售法，如图4-14所示。

1. 第一步：制造痛点

制造痛点即需要结合当下的消费场景，为用户提出消费的需求点，营造让用户有明显消费理由的消费氛围，让用户深刻意识到痛点的存在以及其对自身造成的困扰。因此主播只需根据产品特点搭建足以引起用户共鸣且被用户所熟悉的场景，能方便用户将自己代入情景，再直击用户的需求痛点促使用户了解产品。

图 4-14　直播间五步销售法

例如，在直播间售卖修身西装时，便需要考虑用户可能会面临的以下场景，如表 4-2 所示。

表 4-2　因缺少西装用户可能面临的痛点和场景

痛点	场景
尴尬	公司临时安排出差或者大型会议，需要正装出席
羡慕	在婚宴、见客户等场合，虽无硬性的着正装要求，但穿西装出席的人看起来总是更精神、更有气场
惋惜	成年后难得同学聚会一次，即便是看起来相貌普通的同学，在拍合照时穿着修身西装站在人群中也会很亮眼

主播在为用户制造痛点的时候，不需要对场景进行深入讲解，也不适合立即引入产品，在这个阶段只需要引起用户的共鸣，引发话题讨论。

2. 第二步：放大痛点

主播在为用户制造痛点后，即需要进一步深挖痛点，将被用户忽略的所有问题及隐患尽可能放大。仍然以售卖修身西装为例，主播在这一步需要让用户体会到至少要为自己准备一套合身的西装，如表 4-3 所示。

表 4-3 因缺少西装用户可能面临的放大后的痛点和场景

痛点放大	场景
焦急	临时安排的重要会议，仪容与状态将直接影响以后的职业发展，短时间内难以借到合身的西装
遗憾	难得有代表公司出席某场活动或会议的机会，公司选择了与自己能力相近但备有西装的同事

3. 第三步：引入产品

成功将用户的痛点放大后，主播便可以顺理成章地将相应的产品推荐给用户。在这一过程中，主播需要对产品进行十分详尽的解说，可以从产品功效、外观、优势等各种卖点入手，甚至从行业大环境、品牌特性、加工步骤、售后服务等多维度对产品的附加值进行讲解。

这个步骤十分考验主播的专业知识储备或实际生活经验。需要注意的是，任何解说都应以诚信为基础，不能胡编乱造，主播既要将产品的专业性与独特性真实、贴切地呈现出来，也要让目标用户对相关产品产生仰视情绪。

4. 第四步：提升高度

对产品进行基础介绍之后，主播要着力提升高度，即从各种角度证明产品在同类产品中实属佼佼者，如主播若在直播间推荐某品牌的修身西装，则可以从品牌口碑、产品质量、生产过程、售后服务乃至额外福利等多方面入手，提升并强调其在同类产品中的优势，如表4-4所示。

表 4-4 选择某品牌修身西装的原因及话术元素

序号	选择原因	话术元素
1	品牌口碑好、知名度高	该品牌在西装品牌中属于什么档次，在同等价位的产品中拥有更好的口碑，被更多人熟知并选择等

（续）

序号	选择原因	话术元素
2	产品质量突出	该品牌的西装使用了什么样的面料，耐脏度更高，相比同价位的西装可以穿更久等
3	生产过程精细	严谨的流水线，手工裁剪制作等
4	售后服务细致入微	包退换期限更长，提供二次修改等
5	老顾客有福利	购买一次即为品牌会员，再次购买可享受大额优惠或者更多的售后服务，推荐新用户购买可获得代金券等

5. 第五步：降低门槛

将产品的价值拔高后，主播就可以向目标用户介绍产品的相关优惠，例如此时在直播间购买会有额外折扣，直播中销售的西装为独家限量款，在规定时段内下单会有更多赠品等。这些降低门槛的购物优惠与直播间优势很容易突破目标用户的心理防线，促使用户第一时间下单。

主播在熟练掌握直播间五步销售法的同时，也要注意自己语言的连贯性、逻辑性与节奏，尤其是需要在直播前打好草稿。无论是将要说的话写下来，还是打好腹稿，都应该在直播开始前对相关环节进行排演，以避免正式直播时出现尴尬的场面。同时，还需要在每次直播后进行复盘，以便于在下一次的直播中进行及时调整。

4.2 短视频达人变现

快手运营者要利用短视频进行变现，主要是通过不同形式的广告获得收益，而在短视频中插入广告并非易事，让自己的短视频获得更高的关注度更不是一件简单的事，因此，快手运营者在选择利用短视频变现时应该提前了解并应对。

4.2.1 形式多样的广告变现

在互联网快速发展的今天，有流量的地方就能投放广告。快手作为短视频平台中的流量高地，其在广告方面的影响力不言而喻。平台特有的"老铁关系"给快手运营者带来了忠诚度极高的用户，而这些忠诚度高的用户，也能够有效扩大快手运营者的广告影响力。

现如今，广告变现是快手最主要的变现形式之一。在快手上，拥有强大用户基础的快手运营者，往往是品牌商投放广告的第一选择，快手运营者也会因此获得一定的广告收益。

1. 冠名类广告

冠名类广告是一种特殊的广告形式，是指企业为了提升产品、品牌的知名度和影响力而采取的一种阶段性宣传策略。冠名类广告通常体现为冠名赞助，即指某活动以赞助者的名称为前缀而展开。简单来说，就是在节目或短视频中直接提到品牌或企业名称。

冠名类广告在综艺节目中运用得较多，在短视频中运用较少，主要体现为标志（Logo）、话题、挑战赛等形式。

（1）标志（Logo）

在综艺节目中，无论是宣传还是舞台录制，节目标志往往都是最醒目的，如果能够将冠名商标志与节目标志相结合，就能带来很好的宣传效果。例如知名度极高的综艺节目《快乐大本营》，其冠名商vivo手机就将品牌Logo与"快乐大本营"几个字相融合，在快手上获得了大量的曝光，增强了品牌与节目的关联度，如图4-15所示。

快手运营者同样可以在短视频中运用这种方式，例如围绕冠名商品牌打造一系列视频，并将冠名商的品牌标志与视频名相结合，做成一个全新的Logo放在视频中。这样既能够很好地将冠名商品牌与视频相结合，不会显得太突兀，又能够保证品牌的曝光度。

图 4-15 《快乐大本营》快手账号

（2）话题

快手运营者可以在快手创建话题，将话题内容与冠名商的品牌相结合，通过发布话题、与用户互动等方式达到宣传品牌的目的。例如，快手曾联合《和平精英》在快手上线魔法表情"变美空投"，发布该视频并带上话题#和平超级空投#即可参与活动，而参与活动的用户均可获得快手的特殊曝光。

（3）挑战赛

挑战赛是通过活动引导，带动用户互动，从而推广品牌的一种营销方式。挑战赛通常是以拍摄视频的方式进行的，品牌方可以在前期筹备过程中，设置能够引起用户共鸣的话题，选择品牌专属的贴纸、背景音乐等工具，对优秀的快手运营者给予奖励，这样能够更好地调动用户参与互动的积极性。

例如，众引传播联合金纺策划了#比心神仙护衣#的抖音挑战赛，在挑战赛中设计了流行的比心手势，加入流行的背景音乐《我要变好看》，以及原创品牌的专属贴纸等，不仅激发了用户的模仿热潮，还传递了"柔软""呵护"的品牌理念。

冠名类广告之所以在短视频行业中运用较少，主要有以下两个原因。

①资金投入大

冠名类广告通常以冠名赞助的形式展开，为活动提供经费、实物或相关服务等支持，只有冠名商赞助金额达到一定标准之后，才有资格买断冠名权，这往往需要大量的资金投入。但由于短视频的传播效果具有不稳定性，对冠名商来说投资风险较高，所以在短视频行业内投放冠名类广告的较少。

②保护个人 IP

人气较高的短视频创作者出于保护个人 IP 的目的，担心广告太多会引起用户的反感，不愿意将广告放在视频开头。他们更多的是选择将广告融入视频，以软广的形式推广产品。

但不可否认冠名类广告具有互惠双赢的优点。一方面，冠名商可以借助短视频的影响力和曝光度为自己的品牌提高知名度，获得更多的用户关注；另一方面，快手运营者也可以获得冠名商的资金赞助，实现流量变现的目的。

2. 植入类广告

植入类广告，顾名思义就是将广告与短视频的内容相结合，其中包含硬性广告植入和创意植入（即软广）两种形式。硬性广告植入是直接在短视频中插入广告语，让用户对产品信息一目了然；软广是将广告与视频内容相结合，产生一种"润物细无声"的宣传效果。

一般来说，软广的效果比硬性广告要好，用户的接受度也更高。因此，大多数品牌商与快手运营者的合作都采取软广的形式。如果对软广进行更细致的划分，通常可以分为以下六种形式。

（1）场景式广告

场景式广告，是指在短视频中出现品牌或企业的标志性物品，或者是与品牌相关的周边产品,以此达到宣传品牌的目的。场景式广告建立在用户视觉经验、心理暗示和行为活动之上,依据广告目的预先设计场景,让用户在不知不觉中体验感知各种广告信息,从而更为生动、形象地传播信息。例如,在电视剧《欢乐颂》中,经常有主角在电梯里交谈的场景,而在电梯墙上,就挂有"唯品会"的品牌标志。

(2)台词式广告

台词式广告,是指快手运营者将品牌或企业的名称、产品特点等信息融入短视频角色的台词,使之成为短视频的一部分。台词式广告是一种较为直接的广告形式,它能够直观地向用户展示产品的特点,迅速提升产品的曝光度,让用户接受产品。例如,"三九感冒灵"在影视剧中投放广告,一旦剧中角色有感冒的倾向,就会有人说"喝三九感冒灵能有效缓解感冒症状",这就是很直接的台词式广告。

(3)道具式广告

道具式广告,是指把产品作为道具融入短视频的广告形式,一般汽车、零食、洗漱产品等都可以作为短视频道具,但快手运营者在布置道具时要考虑产品与场景是否匹配,且道具摆放不能太多、太刻意,否则会让用户心生反感。

(4)剧情式广告

剧情式广告,是指把广告内容与短视频剧情相结合的广告形式,例如,剧情围绕送礼物这一环节展开,快手运营者就可以将产品作为礼物融入进去。一般来说,剧情式广告与台词式广告是相辅相成、结合使用的,因为这样的广告效果会更好。剧情式广告通常是剧情类快手运营者使用较多的一种广告形式。

(5)奖品式广告

奖品式广告,是指快手运营者将产品作为转发或抽奖奖品送给用户的广告形式。奖品式广告不仅可以帮助品牌商推广产品,还能够维系用户与快手运营者之间的关系，扩大快手运营者的影响力。

（6）音效式广告

音效式广告，是指在短视频中用声音、音效等因素吸引用户注意，传递相关产品信息的广告形式。例如，日常生活中的手机铃声就是常见的音效式广告，因为不同品牌的手机的铃声是不同的，所以一旦出现某个特定的手机铃声，用户就会联想到相应的手机品牌。

广告的最终目的是向用户传递产品信息，对目标用户进行精准推广，软广也不例外。但要注意的是，在设计软广时，广告内容要与品牌及产品特点相契合，最好的状态是让产品与短视频融合。只有这样，才能达到软广"润物细无声"的要求，否则就会让用户感觉广告不伦不类，既没有软广的隐蔽性，也没有硬性广告植入的直接性，容易引起用户的不满。

3. 贴片广告

贴片广告是指在短视频中直接展示产品本身的广告形式，它的制作成本较低，通常出现在短视频的片头或者片尾，不会影响视频内容。贴片广告是一种较为直接的广告形式，目的是引起用户的注意。

虽然现在广告的形式越来越多样化，但仍然有许多品牌商愿意选择贴片广告。这是因为与其他的广告形式相比，贴片广告使用广泛、传达信息明确、互动性强且成本不高，是性价比很高的一种广告形式。

快手运营者在制作贴片广告时要注意以下两个问题。

（1）把握时间

一般来说，贴片广告的时间最好控制在5~10秒，因为在这段时间里，用户的注意力较为集中，能够回忆更多的信息，所以贴片广告的投放效果会更好。如果时间过短，就无法清晰地传达产品信息；反之，容易让用户产生厌烦心理。

（2）提高质量

从某种程度来说，贴片广告也是快手运营者创作能力的体现。如果贴片广告的质量高，不仅可以吸引用户观看，还能让贴片广告成为短视频的一部分，形成良性循环，增强贴片广告的传播效果。

4. 浮窗广告

浮窗广告是指在短视频的播放过程中，在短视频的角落会出现品牌标志，用户点击之后可以直接进入购买页面的广告形式。浮窗广告成功地将产品图片与链接结合起来，既能够直观地宣传产品，又不会影响用户观看，所以浮窗广告在短视频中的应用较为广泛。

快手运营者在制作浮窗广告时要注意以下两个问题。

（1）视频内容与产品相匹配

快手运营者在制作浮窗广告时，要选择与产品相匹配的视频内容，只有这样才能有效地向用户传达产品的特点。例如，美食制作类的快手运营者可以在教做菜的视频中，插入锅具或者调味料等产品的广告。经过讲解视频，用户已经对产品有一定了解，如果此时将产品链接悬浮在视频中，能让用户直接查看，可以提升用户的购买欲望。

（2）商品图片应设计精美

用户通过悬浮广告点进链接后，就会进入一个产品橱窗界面，用户第一眼看到的就是产品的主图，如果产品橱窗内的产品主图十分清晰、美观，那么就能进一步增强用户的购买意愿。反之，如果橱窗内的图片杂乱无章，给用户带来不好的观感，就会影响产品销量。

4.2.2 事半功倍的矩阵模型

经常使用快手的人会发现，许多快手账号之间都有一定的联系，或是拥有相似的名称与头像，或是快手运营者之间经常互动，或是产出的短视频内容可以构成系列……用户会因为不同账号之间的宣传推广同时了解并关注多个账号。

这种将多个账号关联到一起，使多个账号之间可以相互引流、实现运营效果最大化的运营形式，便是建立账号矩阵。

1. 助力矩阵模型、提高运营价值的三大效应

在快手，账号矩阵可以产生多元效应、放大效应、协同效应这三大效应，进而为快手运营者提高运营价值。这三大效应主要有以下特点。

（1）多元效应

多元效应指同一运营主体可以针对拥有不同兴趣的多圈层用户，选择性拍摄高垂直度的内容进行针对性吸粉，这样可以提高快手运营者的内容溢价能力，从而减少运营成本，形成内容规模效应。

例如，同一运营主体可以针对偏爱旅行、幽默、美食等内容的用户，分别设立不同的账号，以扩大自己在不同圈层用户中的影响力。

（2）放大效应

当快手运营者遇到涨粉瓶颈时，可以通过建立账号矩阵实现放大效应，同时，如果快手运营者想利用主账号向其他账号引流时，也可以利用账号矩阵的放大效应。

（3）协同效应

协同效应指同一矩阵下的所有快手账号会形成一个团体，各个账号的内容相互关联，并能实现相互引流，无论单一账号是着力个人IP还是账号IP的影响力，最终目的都是让团队、品牌或者企业的价值最大化。

一般来说，矩阵内的账号可以互相关注，并且积极互动，共同提高曝光量与影响力，最终达到相互引流的效果。

2. 账号矩阵模型的种类

由于账号矩阵可以为运营带来多种益处，因此建立账号矩阵如今已是许多快手运营者的首选，尤其是当企业与品牌方作为快手运营者时，为账号打造矩阵模型则更为必要。通常在快手较为常见的账号矩阵模型有以下四种类型。

（1）蒲公英矩阵模型

蒲公英矩阵模型的运营方式是快手运营者通过一个核心主账号发布信息后，由其余多个子账号进行第一次转发，再以第一次转发的子账号为中心进行进一步的信息扩散，这种模型适用于旗下拥有多种品牌的企业型快手运营者。

需要注意的是，企业的核心主账号虽然统一管理多个子账号，但不能过多干涉子账号的运营事务。各个子账号负责相应的子品牌或业务线，不仅要有特性也要保持一定的共性。

（2）1+N 矩阵模型

1+N 矩阵模型是由一个核心主账号和 N 个子账号构成完整的宣传运营体系，以产品线为账号划分基准，即由产品线主导账号矩阵，适用于品牌种类不多或产品构成相对简单的企业。

这种矩阵模型可以强化产品卖点，淡化品牌定位，主要目的是在目标用户心中留下鲜明的产品印象。

（3）HUB 矩阵模型

HUB 矩阵模型也是由一个核心主账号带领其余子账号，与前两种矩阵模型相似，但 HUB 矩阵模型中的子账号互不干涉，信息不互通，独立性更强。这种模式更适合集团公司。

（4）A+B 矩阵模型

A+B 矩阵模型通常由一个品牌账号与一个形象账号共同组成，主要目的为塑造并维护品牌形象，并且通过各种方式不断在目标用户心中强化品牌形象。

一般来说，A+B 矩阵模型的运营形式主要有以下两种。

① 一正一副

这种模式下通常正、副两个账号同时发力，快手运营者需要注意严格、清晰地遵守账号定位，以避免信息混乱，风格不明。

② 一硬一软

"硬"即硬广告，快手运营者可直接在该账号上发布为品牌、产品打广告的相关作品；"软"即软植入，快手运营者可通过各种短视频植入广告信息。

4.3 个人 IP 变现

IP 是 intellectual property 的缩写，其原意为"知识或智慧财产所有权"。随着互联网的快速发展，IP 的含义也有了变化和延伸。例如一本书、一个游戏，都可以称为 IP。同样，快手运营者可以通过打造个人 IP，提高自己的个人影响力。

4.3.1 个人 IP 的商业价值

所谓个人 IP，就是把自己当作一个品牌来经营。例如，提起马云，用户第一时间会想起阿里巴巴；提到董明珠，人们会想到格力；同样，马化腾也是腾讯的代表。随着价值的不断提高，个人 IP 会逐步转化为一种符号。相比于虚拟、冰冷的品牌主张与产品功效，可触摸、有温度的个人符号更能赢得用户的喜欢。个人 IP 越受用户欢迎，带来的商业价值就会越大，继而成为具有影响力的 IP。

一般来说，IP 的商业价值体现在以下三个方面。

1. 更低的认识成本

认识成本，是指用户了解品牌及产品所要花费的时间、精力和金钱。通常如果认识成本高，会降低用户对品牌的好感度，不利于品牌及产品的推广。但如果快手运营者拥有自己的 IP，用户就能够借助对 IP 的认知，更快地完成对所属品牌及产品的认知。例如，在用户眼中，乔布斯是创造力十足的天才，他设计的苹果手机，自然也是创意十足的电子产品。

另外，IP 带来的低认识成本，能够降低快手运营者的获客成本，即获取用户的成本。简单来说，在运营 IP 的过程中，因其具有强大的影响力能给快手运营者带来巨大流量，不需要快手运营者另外付费做营销活动来吸引用户。例如，格力集团董事长董明珠，因霸气十足的个人形象为用户所熟知，在用户眼中，她就是产品高质量的保障。董明珠自己担任格力品牌代言人，在专业性和影响力上更让人信服，也能因此获得更多的用户。

2. 更高的信任度

获取用户信任是销售过程中最重要的一个环节，如果能够获得用户信任，就能成功地销售产品。想让陌生的用户对产品和品牌产生信任感，需要一定的时间成本。但如果快手运营者拥有属于自己的 IP，就拥有稳定的人设，能给用户非常明确的印象和标签，让用户在某一垂直领域对自己产生巨大的信任感，而信任感可以带来成交量。

例如，快手运营者"阿纯是打假测评家"一直致力于揭秘网红产品，爆料网红产品的黑幕，对其成分、功效进行客观评价。在粉丝眼中，阿纯就是客观公正的代表，因而对他有十分强的信任感。因此，对于他推荐的产品，粉丝对产品质量都很放心，对产品的接受度也更高。

3. 更高的品牌溢价

所谓品牌溢价，是指在正常的竞争条件下，同样的产品比竞争品牌高的那部分价格。同样质量的产品，不同的品牌价格之所以不同，一定程度上是因为其中包含了情感价值，这是由用户的消费心理决定的。出于这种消费心理，快手运营者可以通过自身的 IP，在用户心中将品牌塑造成高于其他品牌的形象，以此提高品牌的溢价能力。

4.3.2 基础方式：出售影响力

出售影响力是最基础的 IP 变现方式。快手运营者通过打造个人 IP，能够迅速提高快手运营者的个人影响力。影响力越大，就能带来越多的用户流量。在积攒一定的用户流量后，快手运营者就可以选择与自己的 IP 相符合的产品代言或带货。

利用影响力实现 IP 变现固然是较快的，但是快手运营者要仔细筛选产品，避免选择的产品质量差，给用户带来不好的消费体验，而且会透支用户的信任感，降低自身的影响力。

4.3.3 进阶方式：出售产品

相比于利用影响力进行变现，出售产品是更为复杂的 IP 变现方式。通常的做法是快手运营者利用个人 IP，打造自主品牌，出售产品。这种方式要求快手运营者具有较为成熟且知名度较高的个人 IP。说起利用产品进行 IP 变现，就不得不提到李子柒。

李子柒在自己的老家搭建了一个田园生活的场景。在这里，她凡事都亲力亲为，制作美食、耕田种地、养蚕缫丝。她的视频里有着浓郁的生活气息，独特的视角配以悠扬婉转的音乐，让用户十分向往。

观看李子柒视频的用户大多都生活在城市里，相比快节奏的都市生活，李子柒悠然自得的田园生活成了这部分用户的理想生活，"李子柒同款"也因此受到了用户的追捧。李子柒于 2018 年 8 月开设了自己的网店，6 天的时间里 5 款产品共卖出了 15 万件。之后每上新一款产品，她都会拍摄相关产品的制作过程，以此来宣传产品。

4.3.4 衍生方式：出售时间

出售时间是一种特殊的 IP 变现方式，通常是指快手运营者为没有经验的品牌商运营品牌账号，即代运营。由于一个品牌账号的运营通常涵盖诸多方面的内容，十分耗费时间与精力，所以很多人选择有影响力且自身运营模式较为成熟的快手运营者（见表 4–5）。

表 4-5 品牌账号代运营的内容

服务项目	内容明晰
用户群体画像	根据品牌需求，确定用户群体属性
运营策略	包括渠道、内容及用户运营
账号包装	账号头像、名称、页面设计
制作短视频及做直播	策划选题、撰写脚本、制作成品
运营推广	利用多平台进行推广，打造宣传矩阵
数据复盘	根据市场数据反思运营内容及策略
账号检测	对账号安全及流量进行实时检测

品牌代运营中最为经典的案例是壹网壹创代运营百雀羚品牌。百雀羚一开始进入网络销售渠道时，营业额低、体量小，发展状况不容乐观。壹网壹创公司接手后，通过整合营销、开发新品等一系列措施，让百雀羚品牌焕发勃勃生机。借助"国风"标签，百雀羚在一众国际大牌中脱颖而出。同时，壹网壹创为百雀羚设计的"三生花"系列产品，俘获了年轻消费者的心，帮助百雀羚品牌打开了新的消费市场。

第 5 章

普通人掘金实操

前期的规划与想法再完美,真正付诸行动时也会有许多问题接踵而至,尤其是对于新手运营者而言,从寻找定位的那一刻起便会问题重重。因此,每一位快手运营者在快手掘金时都需要提前了解并学习。

5.1 如何从零开始做快手运营者

从零开始的快手运营者总会面临各种各样的疑问或者陷入操作误区,因此,解决这些基础问题是踏入快手世界的首要事情。快手运营者在正式开始账号运营前,应先对自身的账号进行运营定位与形象设置,这不仅决定着快手账号的发展方向、生存时间,还能体现快手运营者的个人能力与产品魅力。

5.1.1 快手账号的运营定位

快手运营者想要在账号运营过程中轻松掘金,先要找到明确且合适的运营定位,这样才能迅速锁定受众人群,方便快手运营者更有针对性地选择运营内容,高效变现。运营定位的主要目的是成为用户心中与众不同的存在,确保自己的快手账号能与其他快手账号区分开来,给用户留下独特的印象,以提高自身快手账号的市场竞争力与生命力。

因此,快手运营者在进行运营定位时应思考自己擅长哪个领域的内容创作,同时也需思考用户喜爱什么,需要什么。归纳来说,快手短视频的运营定位主要包括内容定位与用户定位两个部分，即快手运营者需思考快手账号的内容创作在讲什么，给谁看。

1. 内容定位

在内容定位中，快手运营者可以从个性、专业性、差异性、可持续性以及垂直性这五个角度，对快手账号的内容创作进行定位与筛选。

（1）个性

快手账号内容定位的第一步是找到自己的个性化元素。特点鲜明的个性元素就像附着在内容表层的标签，可以帮助用户迅速在信息海洋中标记、寻找带有个性标签的账号作品。内容的标签越精准，越容易被记住，在用户脑海中留下深刻印象的概率便越高。

通常情况下，一个快手账号的个性元素主要从以下三个方面凸显出来。

①风格

快手账号的风格多种多样，如轻松欢快、文艺治愈、夸张搞笑等。快手运营者在选取风格时应与其账号的运营内容高度匹配，在此基础上，再进一步优化更为个性的自我风格。

以"下铺小涵是吃货"为例，作为一个拥有将近 600 万名粉丝的美食账号，"下铺小涵是吃货"以快节奏的食物制作步骤，配上轻松活泼的讲解词，营造了轻松欢快的视频风格，平易近人且贴近日常生活，也符合快手的风格，因此收获了大量用户的关注。

②人设

人设指快手运营者通过快手账号的视频内容打造的人物性格与人物形象，如善良、温柔、偏执等。

仍以"下铺小涵是吃货"为例，该账号将主要负责出镜与配音的"小涵"打造为一位热爱美食的女大学生，从场景布置到配音、文案，都加入了许多与大学宿舍生活相关的元素，以维持并持续完善"小涵"的人设。学生人设也有效避开了美食制作视频中常见的"高大上"文艺食谱，增强了"下铺小涵是吃货"与快手贴近下沉用户市场这一特质的契合度。

③**记忆点**

记忆点指快手账号的视频内容中长期存在并让人印象深刻的内容，通常是一个片段或一处简单的细节设计。例如，一个特别的动作。

同样以"下铺小涵是吃货"为例，其发布的绝大部分视频都会以黑底白字的"熄灯后的女生寝室"开篇，随即出现边用手指轻叩桌面边思索的片段，这两个画面是该账号的专属记忆点。

（2）**专业性**

打造快手账号运营内容的专业性，需要快手运营者对账号的创作内容十分了解，因此只有发掘自身优势，并结合个人专长，才能让运营内容更加专业。通常情况下，快手运营者可以从以下三个方面判断自身所擅长的内容领域。

①**专业知识**

快手运营者可以回顾自己学习、研究过，或正身处相关职位的专业知识，从专业领域入手，尤其是非专业人士极少了解但实用性较高的领域。例如，快手运营者若学过医学，可以为非专业人士科普急救常识与流行性疾病的防控要点；若学过摄影，可以为非专业人士讲解拍摄技巧及与设备相关的基础知识……

由于快手用户目前仍多为下沉市场用户，对许多专业领域的常识储备略有欠缺，因此，以专业知识作为主要输出内容的快手账号，很容易获得用户较高的关注度。

例如，拥有近 50 万名粉丝的"丁香医生"，账号的内容多以医学知识科普为主,或从医学角度为用户答疑解惑,或从专业角度为用户介绍健康的生活方式。"丁香医生"由于锁定自己擅长的医学领域,发挥专长,以专业、科学的态度向用户传播有价值的信息,因此赢得了许多用户的喜爱,并形成个人品牌,如图5-1所示。

图5-1 "丁香医生"快手账号主页

②兴趣技能

快手运营者若在专业领域涉猎不深,也可以通过审视、回顾自己做过的事情,找到自己优于一般人的个人技能。例如,快手运营者若喜欢唱歌且歌声动人，则可以唱歌作为快手账号的内容输出主题；若喜爱烹饪，则可以下厨作为自己的内容输出主题……

例如目前已有 470 多万名粉丝的快手账号"V 手工~耿"，其运营者"手工耿"的技能优势便是拥有创意头脑与超强的动手能力，面对生活中许多人习以为常的"小麻烦"，他通常会想到别人想不到的解决办法，并有能力据此制作相应的物品。"手工耿"因此收获了众多用户的喜爱，成功出圈（见图 5-2）。

图 5-2 "V 手工~耿"快手账号界面

③经验技巧

有些"过来人"的经验也是普通人的兴趣点,因此快手运营者也可以通过总结自己在特定领域积累的经验,迅速锁定快手个人账号的内容题材。例如,挑战过创业的创业者,无论成功与否,遇到过什么样的困难,采用过什么样的解决方案;曾经的肥胖者,采取过什么有效的锻炼方式,避开了怎样的误区;经历过生育难题的"宝妈",对遭遇的一系列疑难问题也都会有自己的切身体验与认识……

这类内容通常话题度高,实操性强,只要快手运营者能够通过梳理自己的切身体验,总结相应的经验技巧,这类内容也能成为该账号的优势,因此也可以由快手运营者进行相应的分享,以得到有相关需求的用户群体的关注。

(3)差异性

寻找快手账号运营内容与同类账号内容之间的差异性,可以帮助快手运营者跳出同质化竞争,以同类账号内容中的不足之处作为自己内容创作的入手方向,最终让自己在同类账号中轻松获得突围优势,为用户带来新鲜感。例如,原创手工类账号的快手运营者多为心灵手巧之人,拍摄出的许多作品大多精致美观。

快手运营者在寻找快手账号内容差异性时,可以按照以下三步进行,如图5-3所示。

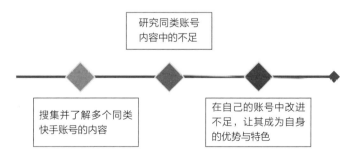

图5-3 寻找快手账号内容差异性的三步

（4）可持续性

可持续性指一种能长久维持的状态或过程，对于快手运营者而言，这是保证其快手账号长久发展的要点。快手运营者想让自己运营的账号长久稳定地发展，就要在运营定位阶段考虑快手账号是否具备以下三大关键因素，如图5-4所示。

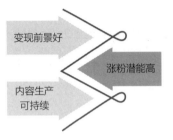

图5-4　快手账号可持续性发展的三大关键因素

"变现前景好"意味着快手运营者能从后续发展中稳定获益，避免竹篮打水一场空；"涨粉潜能高"意味着快手账号可以依靠内容持续吸粉，避免昙花一现；"内容生产可持续"则是说快手运营者定位的内容领域能够支撑长期的干货输出，它应该像一口活井那样，可以源源不断地提供水源，而非一口枯井或一潭死水。

（5）垂直性

快手账号运营内容的垂直性，是指快手运营者对某一垂直领域的深耕，即快手运营者一旦为自己的账号选定某一垂直领域，便应面向固定的用户人群，持续地以该垂直领域作为核心内容输出点，尽量不要中途更换作品类型，破坏其垂直性。否则，以更换内容方向为常态的快手账号，不仅不利于吸引更多更优质的新用户，也难以维系既有的用户群体。

什么样的定位便会吸引什么样的目标用户，垂直性内容的优势在于，账号定位越垂直，获得的精准流量便越多，快手运营者变现则会越轻松。同时，好物在精不在多，垂直性的内容也更便于快手运营者进行高质量、有深度的内容产出，避免广撒网后反而收获不大。

2. 用户定位

用户定位即快手运营者需明确自己的账号所面对的用户是谁，这个群体有怎样的特质与需求。由于不同内容领域通常拥有不同的用户群体，因此，不同的内容定位下快手运营者所面对的用户群体会有不同的消费习惯，快手运营者想要更精准地找到自己运营变现的方向，需要结合实时数据对快手平台该内容领域下的用户群体进行细致的画像分析。

快手运营者在通过用户画像进行用户定位时，需要收集多方面的数据信息，以保证画像的精准，一般来说可以从以下两方面收集数据信息。

（1）外部用户数据

外部用户数据指多个互联网平台或快手官方提供的用户数据，其中，互联网平台的数据来源包括互联网数据平台、百度指数、微信指数、各行业网站等，最具代表性的数据网站有中国产业信息网、艾瑞咨询网、易观大数据网等。这类网站通常会以月度、季度、半年、一年等时间周期发布相关用户数据，快手运营者可以在上面找到快手的用户数据。

快手官方也会在半年和一年的时间节点出具相关数据报告，在"双十一"等重大活动节点，官方也会出具新的数据报告，相比互联网平台的用户数据，快手官方出具的相关数据报告会更深入、详细。

上述数据信息都具有较强的准确性与说服力，极具参考价值。

（2）内部用户数据

如果在开启快手平台的运营工作之前，快手运营者自身或者相关产品已经具备一定的流量热度与用户基础，那么这些已有的相关用户数据即被称为内部用户数据。

在对自己的快手账号进行用户定位时,快手运营者需要将外部用户数据与内部用户数据相结合,寻找两类数据中高度重叠的部分,从而进一步分析这类重叠用户的兴趣爱好、观看规律、消费习惯等细节信息,据此得到的所有符合相关特征的用户都是该快手账号的受众人群。

5.1.2 快手账号的注册方式

快手运营者在找准自身的运营定位后,便可以着手申请注册快手账号。快手运营者在快手 App 中可以完成自己的账号注册,并完善相关个人资料。

在快手App的登录界面,可选择账号注册方式,有多种登录方式可供选择,通常快手运营者可选择手机号登录,如图5-5、图5-6所示。

图 5-5　快手登录注册界面　　　　图 5-6　选择"其他登录方式"后的界面

注册成功后，快手运营者点击主界面左上角的"菜单"按钮，即可通过点击用户头像进入个人主页，或直接由右下角的"我"进入个人主页，如图 5-7 所示。

点击"完善资料"按钮，快手运营者可以根据自己的信息与运营方向对基础资料进行设置与完善，如图 5-8 所示。

图 5-7　快手主界面　　　　　图 5-8　快手账号个人页面

其中，"用户ID"可升级为快手号，快手运营者可为自己的账号设置长度为8~20位的快手号。快手号不支持中文，必须由字母开头，可由字母、数字、下划线及减号混合组成，90天内可修改一次。如图5-9、图5-10所示。

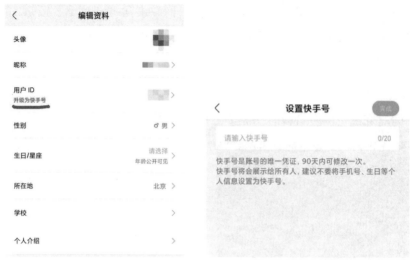

图 5-9 编辑资料界面　　图 5-10 快手号设置界面

需要注意的是，快手号不可重复，且由于快手号将会公开展示给所有用户，快手运营者最好不要将太多个人信息设置在快手号中，结合账号人设进行设计即可。

5.1.3 快手账号的装修指南

许多快手运营者在注册快手账号时往往会忽略账号装修。账号装修即快手运营者对账号资料的填写与丰富。快手运营者在对快手账号进行资料填写时，不能随意，需根据运营方向与自己设计好的人设来填写，在用户面前营造真实、专业的人设。

1. 名称选择：简洁、直接，有亲和力

快手名称需要简洁、直接，便于传播，最好能直接表明快手运营者的身份，应避免使用生僻字与表情符号，以方便用户搜索。

以下为快手账号取名的小技巧。

（1）添加关键词

快手运营者可以依据自己的运营方向在名称中添加关键词，这有利于挖掘符合账号定位的用户群体，例如，专攻美食方向的快手运营者可以考虑将"家常菜""甜点"等与美食相关的词添加进用户名称。

（2）营造亲和力

快手账号的名称应尽量避免包含"门店""专卖店""旗舰店"等商业性明显的字眼，这样的名称会给用户带来距离感，不便于快手运营者营造亲和力，无法与用户建立良好的朋友关系。

（3）善用组合法

当快手运营者为名称感到头疼时，不妨尝试通过常见组合来取名。

例如，"真名/绰号+做什么"，××手作、××姐做甜品等，既简单明了，也容易被感兴趣的用户搜索到。

快手运营者还可以通过"地区+真名/绰号"的方式进行取名，如山东大爷、云南妹妹等名称，只要符合账号的定位与人设，就能配合相关内容打造贴合账号的人设。

2. 头像设置：风格统一，清晰度高

快手运营者在设置快手账号头像时，也要注重与账号人设、内容风格的统一，使看到头像的用户能一眼看出快手运营者的账号定位，因此不能随意找一张自己喜欢的图片应付了事。

通常情况下，建议使用高清真人头像，并且在设置头像时需留意画面比例，以面部占头像的三分之一面积为最佳。头像图片上不宜带有任何广告水印，避免遭到快手的封禁。

若快手运营者的内容与某件物品或某个特殊形象有关，还可考虑将该物品或该形象设置为账号头像，如快手用户"杏花岭上的养花少年"的头像即为其培育的植物，如图5-11所示。

图 5-11 "杏花岭上的养花少年"的主页

3. 简介展示：丰富人设，节约沟通成本

个人页面的简介一栏也是快手运营者丰富账号人设的重要区域，因此快手运营者可以在简介中对头像与名称无法展示的重要信息进行补充，可以从"做什么""我是谁""关注我的好处"这三个方面对自己进行贴合账号人设的描述，能大幅提升关注度。

例如，可以围绕账号的视频内容、产品信息进行简要介绍，但需要注意的是，快手运营者最好能用三行内的文字讲完重点信息，因为超出三行的部分将会被折叠在"展开"内，需要用户手动点开才能查看，不便于重点信息的传播，如图 5-12 所示。

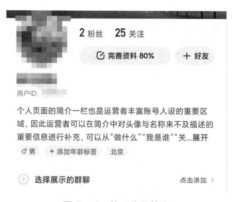

图 5-12 快手账号简介

想要卖货或寻求合作的快手运营者，还可以在简介处留下自己的电话号码或其他联系方式，可以节约沟通的时间成本。但要注意，若是想要留下微信号等电话号码以外的联系方式，应避免直接提及软件名称。

4. 背景设计：统一基调，强化重点

个人主页的背景图同样也是快手账号的吸睛利器，它不仅要足够吸引人，还要符合账号人设与视频内容。由于背景图需要用户手动下拉才能看到完整的部分，因此快手运营者在设计或选取背景图时，应留意将最重要的部分放置在图片中间，以保证正常浏览状态下重要信息不会被遮住。

通常情况下，背景图的设计与选取可以参考以下三种方面。

（1）信息补充

快手运营者可以选择将自己的更新时间、关注福利、实力证明等补充性的信息制作成背景图放在个人主页，例如，教师可以将自己的荣誉证书、奖状、教学照片等内容作为背景图，但需要注意的是，快手运营者不要将自己其他的联系方式制作成背景图，这样容易被平台识别并降低快手运营者账号的权重，得不偿失。

（2）行为引导

这类账号背景图适用于内容主题明确且热度较高的账号，用户通常看到头像及名称时便对账号内容有较为明确的认知与兴趣，因此快手运营者可以通过背景图引导用户进行"关注""点赞"等。

快手运营者可以将简明扼要的自我介绍与引导双向结合。例如，利用背景图突出"关注我，了解更多拍摄技巧"等字样，不仅能很好地加深用户的记忆，还可以顺势提升关注率。

(3) 强化人设

这一类背景图多为与头像风格一致的真人照片，或与账号风格或内容相符的风景照、静物照、生活照等，或与快手运营者个人 IP 相关的形象图。这类账号有利于强化快手运营者人设，加深账号在用户心中的印象。

5. 权威认证：提升账号可靠性，赢取用户信任感

快手运营者如果身份特殊，还可以选择向平台申请相关的官方认证，利用权威认证，提升快手账号的可靠性，取得用户对自己的信任感。

5.1.4 快手账号的内容要点

俗话说"人靠衣装，佛靠金装"，亮眼的包装往往能让原本平庸的产品在琳琅满目的货架上脱颖而出。快手上的短视频作品也是如此，当作品被投放到快手上时，再精彩的内容也被"隐藏"在包装之下。要想在百花齐放的视频作品中争取到用户的关注，精彩的包装必不可少，而对于短视频作品来说，它的包装由标题、封面、标签这三项要素构成。

1. 标题

快手在面向用户的视频推送上均遵循一定的推算法则，在这个法则之下，快手通常是通过视频作品的标题与标签和用户建立联系。由此可见，一个标题的好坏，会直接影响视频被推送给精准用户的概率。因此，为短视频打造标题，正是快手运营者在内容制作上的关键一环。

许多快手运营者虽然短视频内容创作得较好，却并没有很好地掌握短视频标题的写作技巧，因此，对于这类快手运营者来说，掌握以下四种高质量短视频的标题创作技巧十分重要。

（1）内容提炼

无论哪种类型的命名方式，实际上都是对短视频内容的概括。一个优秀标题最基本的要求，便是与其内容息息相关。若标题脱离了内容，不仅会影响用户对短视频作品的观感，还会造成用户与快手运营者之间的信任危机。

一般而言，从短视频作品的内容中提炼标题，可以采取"归纳概括整体内容"与"精准提取某一要点"两种方式。

（2）灵活运用阿拉伯数字

用户在浏览短视频时，目光停留在标题上的时间很短，因此，如何高效率地向用户传达视频内容，就成了标题拟订的重点。其中，最直观有效的方法就是在标题中运用阿拉伯数字，相比文字，阿拉伯数字会更快、更精准地向用户传达标题信息。

例如，某挑战瘦身的短视频标题名为"挑战 7 天瘦 10 斤"。标题中阿拉伯数字的运用能带给用户最直观的感受。如果把数字换成汉字，用户对其所表达信息的抓取速度将会放慢。

另外，快手运营者还可以在一系列短视频的标题中加入序数词，像连续剧一样，也能在短时间内吸引用户。

例如，某段展示快手运营者与其闺蜜日常生活的短视频，标题为"和闺蜜同居的第 1 天"，此后这个主题的短视频被做成了系列。用户在看完"第 1 天"时，就会想去找"第 2 天"的短视频内容；用户在看到"第 × 天"时，也会想要补齐前面的内容。看到这种标题的短视频，用户就像追剧一样，会保持较为相对长久的观看热情。

这样的短视频，不仅能够吸引新用户观看，还能最大限度地留住老用户，为短视频后期制作提供较好的流量基础。

（3）高流量"热词"

前文所介绍的"热点标题"便是对该技巧的灵活运用，快手运营者在取标题时，需要紧跟"热词"，但需要注意的是，快手运营者不要一味地抓"热词"，还应该兼顾短视频内容和热词的相关性。如果"热词"和短视频内容毫不相关，加入"热词"反而会让用户产生反感情绪，对该账号产生不好的印象。同样地，快手运营者也要避免频繁地抓"热词"，这样会过犹不及，产生负面效果。

因此，该方法虽然对于运营新手来说是一条迅速获取热度的捷径，但是对于高流量"热词"的使用也要把握好相关度与频率。

（4）精准用户

由于在运营初期，快手运营者们便会确定自己的目标用户群，因此，在视频标题上满足目标用户群的需求，即找到目标用户群普遍感兴趣的内容，这样才能高效地吸引目标用户群。

例如，"玩车女神"推出了标题为"车内快速降温技能"的短视频，播放量较高，由于夏天车内温度高是绝大多数有车一族共同的烦恼，因此"玩车女神"根据账号的目标用户群，即有车一族的"痛点"，进行了视频内容与标题的创作，成功抓住目标用户群的需求，实现高播放量。

除此之外，让用户有代入感的标题，也能提高短视频的播放量。例如，在短视频标题中运用第二人称，可以拉近与用户的距离，给用户带来交流感与倾诉感，让用户产生参与进来的欲望。

例如，"我是田姥姥"发布过一个短视频，标题为"你一点也不惦记我"，这种倾诉类的话题配合第二人称"你"，便会让用户产生倾听的欲望，为快手运营者与用户之间创造一种交流的氛围，从而吸引用户。

2. 封面

在阅读时间碎片化的当下，能在第一时间迅速吸引用户注意力的不光有短视频的标题，还有封面。如何利用吸睛的封面，让用户注意到某一个作品，也是帮助短视频脱颖而出的重点。

（1）短视频封面的类型

对于短视频来说，能在了解内容之前就引起用户关注、起到宣传作用的，就是好的短视频封面。然而，什么样的封面才能称为优秀的封面？以下要讨论的便是快手上常见的六种优秀封面类型，如表5-1所示。

表5-1 短视频优秀封面的六种类型

	封面内容	封面效果	适用场景
成品展示	将加工后的成品（例如美食、妆容等）直观地呈现在用户眼前	具有鲜明、强烈的视觉冲击力	美食、美妆、手工制作等短视频
真人出镜	有吸引力的快手运营者真人出镜画面	利用高颜值收获点击量	剧情演绎类短视频；快手运营者为卖货达人、网红等
名人效应	名人合拍；相关海报等	名人自带流量属性，在用户群体中关注度高	借助名人效应来增加关注度的短视频；与名人合作、涉及名人相关内容的短视频
悬念设置	画面配合标题，展示难以理解、解释的某种现象，或得出让人意想不到的结果	悬念感强，激起用户的好奇心	多用于常识科普类等短视频
精彩瞬间	采用视频中的精彩瞬间作为封面	提炼短视频中的精华内容，利用最直观的内容冲击用户眼球	搞笑类的短视频可以选取最夸张的瞬间；旅游类的短视频选取风景最美的角度作为封面
情感生活	通常以日常生活中的场景，或者具有情绪冲击力的画面作为封面，配合故事性强的标题	抓住用户的同理心，且封面营造的情感氛围能够牵动用户情绪，产生共鸣	情感故事类或与情绪相关的资讯类、励志类短视频

（2）打造封面的两大技巧

封面是传达短视频内容的关键，但不少快手运营者容易忽视封面，导致短视频的关注度不够理想。因此，快手运营者在创作短视频内容时，要考虑封面带给用户的观看体验。

因此，如何巧妙地制作出吸引用户关注的短视频封面，成为短视频内容制作的重要方面，在介绍了优秀的封面类型之后，我们来看看以下两种打造封面的技巧。

①内容提炼

用户一般都是通过封面来初步了解短视频内容，如果封面和内容不相符，便会给用户留下负面印象，引起用户的抵触心理。因此，快手运营者在进行封面设计时，要紧扣短视频的主题，从短视频的内容中提炼封面元素。通常情况下，快手运营者可以从以下三个方面进行内容提炼。

● 截取亮点画面

将短视频中的亮点截取为封面，是最直接的吸引用户的方式，然而不同类型的短视频亮点不同，快手运营者要根据自身的短视频类型风格，找准吸引目标用户群的亮点。例如，以展现手艺、美食制作等为主的短视频，最终成品即其亮点；以分享风景为主的短视频，最佳视角或难以见到的风景即其亮点。

● 选择合适的景别

有了亮点画面作为封面元素，还要将亮点画面对用户的吸引力完全发挥出来，需要选取合适的景别与之配合。故事演绎类的短视频，合适的景别会让画面更有叙事感，更能突出画面情绪；景、物分享类的短视频，合适的景别则会增强风景与物品的美感，尤其是美食，即便隔着屏幕也能产生让用户垂涎的视觉效果。

● 结合个人代表性强的画面设计

封面是短视频的"门面"，通常情况下，用户对短视频的第一印象便是来自封面的视觉效果。在运营过程中，快手运营者不仅仅要用各种设计吸引用户点开某个短视频，还要让用户对账号有特殊印象，对作品风格有认知。

将个人代表性强的画面设计融合到封面中去,可以加深用户对特定账号的印象,让封面变成一张"名片",使用户在看过该快手运营者的短视频之后,再次见到类似风格的封面,便能一眼认出并愿意再次点开观看。

此类设计不局限于构图、风格,还包括特定元素在作品中反复出现。

例如,"冒险雷探长"的短视频封面通常采用三分构图法,自己出镜的视频画面占整体画面的三分之一,而余下的画面则采取上下分列的布局,展示海报与当期内容的标题,这种上、中、下的三分布局与固定的海报展示,便很具有代表性见图5-13。

图5-13 "冒险雷探长"封面图

再如另一位快手运营者"潇洒小姐の美食",她没有在构图上多花心思,而是采取了特定元素反复出现的方式。几乎所有短视频的封面,都是戴着大墨镜、披发红唇、姿态潇洒的她,而她的面前必定会有当期视频的美食成品,这样也能通过封面加深快手运营者的风格在用户心中的印象,如图5-14所示。

图 5-14 "潇洒小姐の美食"的封面图

②领域关联

所谓领域关联,是指短视频的封面要与短视频的内容有相关性,如果短视频的内容是人物剧情,那么封面就要以人物为主。如果短视频的内容是美食,那么封面就要以食物为主。不能一味地追求热点,以免导致短视频的封面和内容大相径庭,使用户产生认知模糊,影响观感,从而降低了用户关注度。

3. 标签

合适的标签，不仅可以提升短视频上热门的概率，也可以帮助快手运营者高效地将短视频推送给目标用户群体。因此，掌握短视频标签的拟订要点，也是短视频制作过程中的重点。

快手运营者在制作短视频标签时，除了要注意与视频内容相匹配，还应做到与众不同、独具特色，形成一个用户的记忆点。标签一旦确定后，便不能随意更改，以免混淆固定用户的认知，稀释记忆点。

在打造标签时，快手运营者可以根据以下五个方面找准可以成为短视频标签的"核心点"。

（1）节日元素

每年都有节假日与特殊日期，快手运营者都可以选择与之相关的标签。这些标签的共同特点，就是在这些特定日期能够得到绝大多数用户的关注，若快手运营者在创作标签时，能够把特定节日或日期的要素加入标签当中，就可以在短期内为短视频争取到更多的流量。

例如，特殊日期2021年5月20日，这一天，很多快手运营者的短视频都会选择带上与520相关的标签，诸如"#520发给你最重要的人#""#给消防员准备的520特别礼物#"等，选取了相关标签的短视频内容，均能在这一天收获较大的流量热度。

（2）地点选择

由于快手提供同城区域化的服务，因此，快手运营者也可以在标签中选择合适的地点要素。一方面便于快手对短视频进行精准推送，另一方面也可以为短视频提供进入"同城"流量池的机会。

例如，某快手运营者在发布一段集合重庆热门景点的短视频时，选取了"#重庆攻略#"作为标签，除了得到他以往固定下来的用户群体的关注，还额外获得了大量正计划去重庆旅行的用户的热度，甚至有许多对重庆有感情的用户观看。在被平台判定为优质短视频之后，该快手运营者的短视频作品被选入了"同城"流量池，并被推送到了显眼的位置。

（3）提取"热词"

"热词"即与当下热点事件相关的关键词，不仅是标题，在标签打造的过程中也可以与热点事件"深度配合"。"热词"之所以能为短视频作品提供的较高曝光度，是因为它所包含的事件往往是最受用户关注的话题。因此，快手运营者在创作与热点事件有关的内容时，可以考虑将"热词"加入标签中，从而提高短视频的曝光度。

（4）特定主题

快手最大的特点便在于其优秀的垂直细分能力，因此，快手运营者在打造标签时也可以利用快手的特色机制，在短视频标签当中，明确自己的短视频类型。

例如，许多美食类短视频的快手运营者都会在标签中加入"小厨房""吃货""烘焙"等与美食相关的标签，这类标签有利于平台将快手运营者的短视频精准投放到特定的用户群体中。

但需要注意的是，特定主题虽然限定了短视频的类别，但在打造短视频标签时，不能将标签的主题范围限定得太过狭窄，诸如给"美食类"短视频加入"蛋炒饭"一类过于详细的标签，这样反而不利于短视频在流量池中的推广。因此，快手运营者在限定特定主题标签的范围时，要做到合理、适中，才能收到最佳的推广效果。

（5）对焦群体

在标签中加入和目标用户群体相关的要素，同样可以精准、直接地将短视频内容传递出去。专门创作健身内容短视频的快手运营者，可以在短视频标签中加入"健身达人"等词；创作动漫内容的快手运营者，可以在短视频标签中加入"动漫君""萌妹子"等词……总而言之，通过标签将目标用户群体与快手运营者的短视频作品联系起来，也是一个可持续地增加短视频关注度的方法。

5.1.5 快手账号的养号规则

许多快手运营者由于初期不了解平台规则，容易出现违规操作，最终导致账号被平台限流。在快手上，决定一个账号是否会被限流的因素便是账号权重，它代表着账号的权威程度，若权重过低，甚至会出现被封号的情况。

通常情况下，快手账号被限流无外乎账号发布带有广告性质的内容或进行了违规操作，快手运营者除了要剔除不符合快手标准的广告以外，还需要在细节操作上保证自己的账号权重，即合理养号。

1. 快手养号的雷区

养号最大的作用就是通过提升账号权重，提高账号被平台推荐的概率，同时也方便快手运营者确定账号方向与粉丝喜好。

在不了解平台账号的权重机制时，会有人在注册账号之后立刻进行大量操作，例如疯狂地发视频、不断刷新账号主页、频繁地关注每个视频作品的播放量等。这类操作通常情况下并不能为账号带来数据上的提升，反而会给账号权重带来负面影响。

简单来说，新注册的账号应该避开以下八个"雷区"：

- 避免使用同一个手机、同一个 IP 地址批量注册快手账号；
- 避免使用一个手机同时登录多个快手号，避免频繁切换账号；
- 避免在同一 Wi-Fi 下同时登录超过 5 个快手账号，如有多个账号同时登录的需求可使用流量；

- 避免频繁修改个人信息；
- 避免为观看的每一个视频点赞，尽量在完整看完视频后再点赞；
- 避免重复同一行为，例如在中间没有其他操作，频繁发评论；
- 避免通过买流量的形式进行刷粉、刷评论、刷播放量等操作；
- 避免无授权搬运视频，避免在视频中及标题上出现商标及敏感词。

2. 快手养号的技巧

了解了新注册的账号需要规避的"雷区"之后，快手运营者便可以开始养号。养号是快手运营者培养自身账号与平台系统之间的关系的方式，只有遵循平台规则，积极互动，并且重视在垂直领域的专业度，才能让平台系统更了解该账号，给予更多帮助。

严格来说，养号是一个长期且细致的过程，效果最好的养号方法是制作高质量的视频，然而这更适合快手账号运营的后期阶段，在刚刚起步的阶段，我们可以采取以下12个操作相对简单的养号技巧。

- 一个手机号对应一个账号，做到一机一卡一号，即一部手机，一张手机卡，一个账号；
- 合规完成符合人设的账号装修；
- 每天使用账号一小时以上，且使用时段尽量固定；
- 积极关注自己喜欢的账号，最好选择与自身账号的运营方向处于垂直领域的账号；
- 每天观看100~300个与自身账号运营方向相同的短视频；
- 观看短视频时，根据真实喜好正常点赞；
- 适当评论自己看到的优质短视频，一天评论10~30个短视频；
- 适当转发自己看到的优质短视频，一天转发2~10个短视频；
- 每天观看快手直播10分钟以上，并且进行适当的互动，例如点亮优秀主播的直播间红心，给主播送礼物等；
- 尝试发布制作优质的原创短视频，一天发布1~3个；
- 积极回复粉丝的评论，与粉丝互动；
- 为自己的短视频购买作品推广服务，前期不用投入太大，每个短视频投入几元即可，当自己的作品中出现热门短视频时，可继续购买作品推广服务，并按需增加相关投入。

5.2 如何在快手上"圈粉"

"圈粉"是快手运营者面临的难题。虽然因为用户基数较大，快手拥有不可小觑的流量资源，但因为创作门槛的降低，在快手尝试运营账号的运营者数不胜数。要想在"茫茫人海"中令用户瞩目，快速"圈粉"，就需要快手运营者在以下四个方面做到精益求精。

5.2.1 本人出镜，增强用户的信任感

我们生活在互联网盛行的时代，互联网虽然大大降低了众人认识世界、结识朋友的成本，但依靠文字与声音的交流并不能彻底打破人与人之间所有的交际屏障。想要打破网上交流的距离感，需要快手运营者主动表达，展现诚意，其中最重要的第一步便是快手运营者本人出镜。

快手本身就是强调"温度"与"朋友"的短视频社交平台，没有什么比一个有血有肉的人更容易被人记住，产生共情，而本人出镜也更能收获用户对账号的认可与信任。

同时，本人出镜也有利于快手运营者通过账号打造个人IP，在内容同质化日益严重的短视频市场，形成具有个人特色的IP无疑是破局

要点。无论是哪种形式、哪种主题的内容，IP 的形成都能帮助该账号更高效地实现差异化，争取到更多的关注度。

5.2.2 稳定更新，培养用户的观看习惯

在运营账号时，快手运营者要做到稳定更新，只有保持稳定的更新状态，才能成功培养用户的观看习惯，并进一步建立用户与快手运营者之间的信任关系。通常来说，快手运营者需要围绕以下三点做出稳定的规划。

1. 固定风格

快手短视频的内容需要固定风格，有连贯性。

连贯性是指短视频的内容与风格始终保持一致，不能出现短视频的质量参差不齐的情况，也应尽量避免风格的大幅变化。例如，昨天发布搞笑短视频，今天发布煽情短视频，这样的反复无常会让原本因为某种特定元素关注快手运营者的用户失去连贯性，而快手运营者也将难以和用户建立共情点。

针对这一点，快手运营者可以尝试建立自己的内容创作团队，招录有能力的创作者，进而保障短视频内容的高质量产出。

2. 发布时机

快手运营者还需要为自己的短视频发布选择好时机，挖掘最佳的发布时间，然后将发布时间固定下来。

合适的更新时间可以为短视频争取到最佳曝光量，同样可以帮助用户形成观看习惯。不同的人有不同的生活规律，快手运营者需要深入调研目标用户的生活规律，在目标用户最有可能看到的时间发布作品，这样才能轻松"圈粉"。

例如，职场人一天中对短视频关注度最高的时间段通常为通勤时段和午休时段，因此面向职场人的技能类内容可以在这样的时段发布；而生活重心在家庭生活上的人群，通过短视频休闲娱乐的时间可能更集中于晚饭之后，因此针对这类人群的内容可以选择晚上7点左右发布。

但初期的调研数据也并不代表最终结果，快手运营者在初期找到大致的时间范围之后，可以多进行几次试验，以确认效果，最终选择最适合自身账号的作品发布时间之后便可以固定下来，开始对用户观看习惯的培养。

3. 更新频率

在内容与发布时间都确定之后，快手运营者对账号更新频率的把控也相当重要。保持稳定的更新频率不仅是在"养号"，避免被平台上层出不穷的内容所淹没，同样也是在培养快手运营者与用户之间的信任度。

当快手运营者的更新频率固定下来以后，用户便会明确要在什么时候去查看更新。每一次更新前的等待与如约等来新作品的满足感，会促使用户对快手运营者产生信任感与依赖感，并形成行为记忆，养成定时观看的习惯，变成该快手账号的"铁粉"。

但如果快手运营者的更新频率不固定，或者不遵守原定的更新频率，不仅对账号的曝光度有影响，还会使用户对该账号失去兴趣，最终得不偿失。

因此，快手运营者需要根据自己的内容产出能力为账号设定固定的更新频率，稳定账号的更新行为，培养用户的观看习惯。同理，有直播行为的快手运营者也应该为自己制定固定的直播安排，并严格遵守，这样才能在短时间内为自己快速"圈粉"。

5.2.3 合理互动，建立与用户的老友关系

快手平台因其下沉的市场定位和普惠式的流量机制，一直都以注重用户体验为首要要求，作为快手运营者自然也要重视"体验感"。因此，快手运营者在运营账号的过程中要考虑如何提升用户的参与度。

常规操作是对粉丝评论进行回复，快手运营者可以在粉丝评论中选取合适的评论进行互动，拉近与用户的距离，提升用户的体验感。在评论内容的选取上快手运营者也要进行适当的筛选，尽量选择有助于丰富账号人设与重要信息交代的评论，同时注意言辞表达，言之有物。

5.2.4 用心产出，维持内容的精彩

无论快手运营者寻找何种方式实现"圈粉"，一个快手账号真正吸引人的永远是它的内容。如果没有快手运营者的用心产出，再多的"花样"也很难让一个快手账号持续收获并维持用户的喜爱。因此，快手运营者需要认真对待最基本的内容产出，做出让用户满意并喜爱的作品，一般而言可以从以下三个角度着手。

1. 垂直细分

垂直细分即指短视频内容的纵向延伸，快手运营者在题材选择上要足够专注，专攻某一特定领域，并在此基础上对视频题材进一步地细化。例如，主要以技能或才艺为产出核心的快手账号，其作品应专注于技能或才艺的展示，在固定领域内深耕优质内容，而不应该"朝秦暮楚"，任意更换自己视频内容的题材。

做短视频不能贪求面面俱到，毕竟人的精力有限，要想做出又好又精的短视频内容，快手运营者就需要根据自身的特点与用户需求，结合快手的大数据推荐，选择合适的垂直细分领域，这样才能在进一步的内容深耕后与市场同质内容形成差异化，使自己成为这个领域的佼佼者。

快手运营者做到这一点不仅能稳定自己与用户之间的关系，同样也可以稳固快手账号在平台上的账号权重。专注于垂直领域的账号具有更高的辨识度与专业性，平台能提供更有针对性的流量推送，快手运营者可以更轻松地收获特定用户的目光。

2. 推陈出新

快手运营者的短视频内容留住用户的另一个关键之处在于是否具有创新性，快手运营者只有保障自身账号一直推陈出新，才能带给用户新鲜感，以适应时代的发展。而快手运营者增强内容创新性的要点主要有以下三个。

（1）和用户产生共鸣

创意来源于生活，越是生活化的内容越容易与用户产生共鸣，因此，快手运营者可以从实际生活出发寻找内容创新点。也可以借鉴其他有创意的快手短视频，吸收其精华运用到自己的短视频创作中，但是不能照搬照抄。同时，也可以创作和自己生活有关的短视频，制造一波"回忆杀"，以达到和用户的情感共鸣。

（2）满足用户的幻想

不同年龄阶段的用户需求并不相同。例如，有的用户喜欢小狗，但是家里又不允许养小狗，这时用户就会观看有关宠物狗日常的短视频内容，以产生满足感，所以，快手运营者可以策划满足用户幻想的短视频内容。

（3）制造矛盾冲突

这类短视频可以打破用户顺理成章的认知，制造强烈的反差给用户留下深刻的印象。所以，快手运营者在策划短视频时可以在内容上制造矛盾与冲突，吸引用户的关注。

3. 接地气

当下，快手短视频显现了新的突破形式——方言+市井内容。特别是搞笑类短视频中多采用方言，以其独特的市井气息吸引了大量用户关注。那么，以方言为基调的市井类内容短视频为何能有这么大的魅力？其主要原因是方言在短视频中发挥了独特的功效，经过归纳，方言的功效如下：

（1）加深记忆

方言是指除了普通话以外的各地民间语言，种类繁多。

快手运营者将方言运用到短视频内容创作中可以吸引用户的关注。方言具备强大的语言魅力和传染力。所以，快手运营者通过方言的形式将短视频的内容和信息在不知不觉中传到用户的脑中，加深了用户的记忆。

（2）渲染氛围

方言在特定场景之下，可以渲染情感氛围。例如，电影《无名之辈》中，主人公和两个劫匪的方言，令人忍俊不禁，在不知不觉中渲染了整部影片的喜剧氛围。如果把方言换成普通话，就会失去张力和色彩，不仅人物性格塑造不够丰满，叙事效果也会大打折扣。

同样，方言在短视频氛围营造方面也有着显著的作用。当短视频内容和方言相匹配时，采用方言就会渲染出极具特色的氛围。

例如，"说方言的王子涛"发布的快手短视频通常采用方言解说的形式来渲染氛围。把生活短视频以方言的形式解说出来，极具喜剧特色。因此，在短视频内容的制作中，快手运营者也可以尝试用方言来渲染氛围。

（3）拉近距离，强化认同

快手运营者在策划快手短视频内容时，通过方言可以调动用户情绪，提升用户的归属感，强化用户的认同感。

例如，拥有601.5万粉丝的"钟爱老表"，其短视频内容能获得众多粉丝的喜爱，原因就在于他将广西方言与情感短剧相结合，让用户看后忍俊不禁，活跃了短视频的氛围，进一步拉近了和用户之间的距离。方言类短视频虽然难登大雅之堂，但其内容极具市井特色。用家乡方言制作的快手短视频，不仅能带给用户欢乐，也增强了用户的认同感，让在外工作、打拼的用户在观看短视频的同时，引发其对家乡的情感与回忆。

所以，快手运营者进行内容创作时可以适当采用方言，这样更容易让用户呈现放松状态，从而引发用户的归属感。

5.3 快手的六大引流方式

不同的消费人群拥有不同的消费习惯，而快手作为最贴近百姓生活的短视频平台，其内容包罗万象，用户群体庞杂，因而带货效果也是同类平台中的佼佼者。快手带货的成功缘于平台优势，包括诸多在快手方便可行的引流方式，目前快手运营者常用的高效引流方式主要有以下六种。

5.3.1 购买官方推广

对于快手运营者而言，最轻松的引流方式是直接购买官方的推广服务,这相当于在快手投入付费流量。目前来说,互联网平台的所有广告基本均为竞价推广,不同时段会有不同的价位,高峰期的流量不仅更贵,通常也是许多快手达人会选择的时段,因此新手运营者初期可以选择冷门时段,不仅价格更优惠,也更容易避开快手达人的活跃时段,方便带货。

快手的短视频推广需要至少先发布一条短视频,然后在"设置"中选择"快手粉条",如图5-15所示。

快手粉条为快手运营者提供了四个推广项目,分别为"推广给粉丝""直播推广""小店推广"与"帮他推广",如图5-16所示。

图 5-15 快手设置中可选择"快手粉条"

图 5-16 快手粉条推广界面

这四个推广项目是快手官方推出的付费营销工具，它可以将短视频推荐到用户的展示页面。但由于快手展示短视频的方式与其他平台不同，展示页面会同时出现多个短视频供用户自由选择观看，因此短视频的推广量并不等同于播放量，而是以展示量为准。

除了最基本的推广项目，快手官方还在快手粉条中为快手运营者提供了"推广小课堂"栏目。在推广小课堂中，快手运营者可以深入了解快手的推广机制与涨粉技巧，以及其他细节，如图5-17所示。

图5-17 快手粉条中的"推广小课堂"

"推广小课堂"可以为新手运营者答疑解惑。新手运营者不必担心不够了解官方推广机制而进行无效投入与操作。

5.3.2 福利优惠

第二个常见的引流方式是借助福利优惠进行引流，通常情况下，快手运营者可以通过"白菜价"商品、免费礼物、发红包等优惠方式为用户提供福利，引发用户对该账号产生兴趣，从而获得更高的关注度。

通过"白菜价"商品引流的方式适用于带货属性明显的快手账号，所谓"白菜价"，是指远低于市场价或原本价值的价格。快手运营者可以对自己的主要带货商品进行创意短视频拍摄，在短视频内容中表明"白菜价"的福利优惠，吸引用户关注该账号。

另外，免费礼物和发红包等方式，则适用于任何领域的快手账号。快手运营者可以准备相应的福利并以各种形式送出，这样可以在短时间内为快手运营者的账号大量引流。

5.3.3 引导用户裂变

第三种方法便是引导用户裂变，即通过每个用户将账号分享、宣传给更多的人。由于快手具有强社交的属性，其用户的社交关系比其他平台更亲近、更热情，用户都很愿意参与到社交相关的活动中。

同时，快手所面对的下沉市场用户，相对而言，往往拥有较多的闲暇时间，这部分人通勤时间短，工作耗时规律，基本每天都有闲暇时间进行社交活动，这就为快手运营者引导用户裂变创造了较好的环境。

快手运营者可以通过各种方式提醒用户进行分享，例如直接提议，或是以达标任务为"诱饵"刺激用户分享，即"直播达××人观看便发红包""短视频有××个点赞便抽奖"等任务设置，均能产生较好的用户裂变效果。

5.3.4 建立账号矩阵

矩阵模型的种类与特征前文已有较为详细的阐述，而对于快手运营者而言，通过账号矩阵进行引流，可以产生以下两个优势。

1. 内部引流，扩大影响

快手运营者可以在某一泛领域内建立多个功能不同但目标人群存在重合的账号，以此在账号矩阵中形成粉丝流量的内部引流，提升粉丝数量，扩大自身的影响力。

例如，如果快手运营者的目标用户为留学生，则可以同时运营留学咨询、海外新闻、海外购物优惠等一系列与留学生的学习生活息息相关的账号，这样可以为自己的粉丝提供更多的服务，有效提升用户对快手运营者的关注度。

2. 避免脱粉，提升黏性

运营账号矩阵可以避免用户的流失。通常来说，用户因为内容质量以外的各种非客观因素取消自己关注的账号是较为常见的现象，不可完全避免，但也并非毫无办法。

当用户关注快手运营者旗下的多个账号时，脱粉的概率也相应降低，即便偶有脱粉，取消关注所有相关账号的概率也较低。因此快手运营者可以通过运营账号矩阵提升用户黏性，避免脱粉。

但需要注意的是，快手运营者在进行多矩阵运营时也并非随意多建账号即可。虽然账号矩阵中不同账号的内容主题不一，甚至可能在某些内容的风格上也有差别，但所有账号的名称都应保持统一风格且具有较强的辨识度，这样既方便用户辨别也有利于增强信任感，凸显账号矩阵的优势。

同时，快手运营者要明确账号矩阵中的主号，通常应选择粉丝数最多、影响力最大的账号，若该账号发布的是综合性内容则更好，然后快手运营者再从中演化出单领域账号，最终形成覆盖率高的账号矩阵。

5.3.5 直播间打榜

快手运营者还可以通过在快手直播间打榜为自己引流，给主播刷礼物的行为本质上也是花钱买流量，与购买官方推广的行为动机类似，但灵活度更高，针对性更强。

快手运营者可以利用刷礼物的行为在大流量的快手直播间获得 ID 曝光，若预算充足，还可以尝试冲榜获取与主播连麦的机会，然后通过一些福利活动吸引直播间的用户关注自己。由于快手运营者获得这样机会的前提是为该主播投入了大量打赏，所以主播通常不会阻拦，甚至也会主动推荐。

快手运营者还可以选择在直播间发红包，同样会有头像与 ID 的曝光。无论采取哪种方式都应该注意，快手运营者应该选择与自己的运营内容同领域的直播间，否则直播间内的目标用户与自己的目标用户不匹配，引流效果也会大打折扣。

5.3.6 多平台发放内容

虽然快手运营者的主战场在快手，但实际上快手运营者可以从其他平台为自己的快手账号引流。有些人不一定是快手用户，但或许对快手运营者输出的内容有很大兴趣；有些人虽然使用快手，但或许他平时所关注的重点并未涵盖他全部的兴趣领域……

这种时候，若在其他平台偶然刷到快手运营者发布的内容，且正好是自己感兴趣的领域，该用户便很容易产生去快手该账号一探究竟的兴趣。

例如，以短剧制作为主的账号，除了在快手规律连载外，还可以在其他社交软件或论坛发布连载短剧中的某一集，点进短剧内容的用户很容易被剧情吸引并想要继续观看，这时快手运营者再提醒用户可在快手观看全部剧集，便能轻松实现引流。

5.4 快手掘金的两大榜样玩法

在"低门槛"的快手平台上,再普通的用户也能尝试实现自我价值,成为一名引人瞩目的快手运营者,但入门简单并不代表将这件事情做出彩也同样简单。因此,想要在快手成功实现良好的运营效果,需要对平台玩法进行深入剖析,而研究快手上的榜样玩法是最好的了解方式。

5.4.1 三只松鼠:创新模式,凸显品牌价值

快手上的企业账号在做内容定位时,往往会根据品牌理念以及快手平台的特点,确定账号内容与风格,将品牌 IP 渗透到账号内容中,三只松鼠就是最好的例子。

企业账号的内容定位取决于企业的优势领域,三只松鼠在优势领域的基础上进行品牌价值的挖掘,以有效提炼品牌文化,并着重加强对品牌元素的内容创新,促使自身账号在同类品牌中"破圈"。

1. 挖掘品牌价值,营销品牌形象

由于三只松鼠因 IP、国民品牌等因素自带流量与关注度,因此其快手账号具有为企业树立、延续品牌形象的作用。在内容挖掘上,三只松鼠并不会一味跟风舆论热点,而是追求稳定产出富有企业文化基调的优质内容,为账号精准沉淀用户群体,以有效避免账号风格走偏。

作为一个以坚果类产品为核心产品的零食品牌,三只松鼠着重强调自身"森林系"标签,并选取了与核心产品及企业名称关联最密切的松鼠作为企业形象。其作品通过动画形象与现实场景、人物相结合的方式,向用户展示以三只小松鼠为主角的小故事,而故事内容多为产品相关的日常对话,如图 5-18 所示。

图 5-18 三只松鼠快手账号界面

利用动画故事展现企业内容，不仅更容易引发用户的好奇心，还可以有效降低用户的戒备心。这样的内容定位与形象运用既符合企业产品特征，成功向用户输出品牌文化，又实现了内容上的突破和创新，与同领域内的企业拉开差距，因此可以大量"吸粉"。

2. 灵活运用矩阵，形成创新突破

在快手搜索三只松鼠，其主要运营账号有三个，如图 5-19 所示。

图 5-19 在快手搜索"三只松鼠"

三个账号各自拥有不同的功能,一个是内容更为丰富多样的主账号,另外两个则分别进行动画角色运营与加盟宣传运营,如图 5-20、图 5-21 所示。

图 5-20 三只松鼠和它的小伙伴们

图 5-21 三只松鼠联盟小店

根据矩阵中账号定位的不同,三只松鼠的相关视频被有序分类,有不同需求的用户可以在不同的账号上获取信息,既保证了三只松鼠多样的宣传需求,也提升了所有用户的观看体验。

在剧情账号"三只松鼠和它的小伙伴们"下,企业又进行了更为细致的角色分类,为每个原创角色都开通了个人账号,以角色口吻进行相关运营,这种同类企业尚未启用的模式大大拉近了三只松鼠与用户之间的距离,且建立了良好的社交关系,大幅提升了用户黏性,使三只松鼠成为同类企业中的特别存在。

5.4.2 御儿.(古风):投身直播,走通多元变现之路

快手上最为常见且效果卓越的带货账号中,绝大多数为着重打造

个人 IP 的账号，而制作短剧的账号往往以短剧为中心，粉丝对账号的关注与喜爱依赖于快手运营者本人扮演的角色和故事情节，对于剧情以外脱离角色的快手运营者并没有更深的感情，因而快手运营者本人较难调动粉丝，若强行带货反而有可能引起粉丝不满，导致掉粉。

因此，许多人都对剧情号是否能走通多元变现之路有所怀疑，直到 2020 年 8 月 9 日御儿.（古风）的一场直播，让众人在剧情号变现上看到了成功之途。

在这一场时长将近 6 小时的直播带货中，快手运营者御儿共上架了 39 件商品，预估销售额突破 127 万元，如图 5-22 所示。

图 5-22　该场直播带货情况（数据来源：新快数据）

御儿之所以可以在这条路上率先取得如此亮眼的成绩，要归功于她与团队对运营细节的把控以及追求自我提升的态度，以此为前提，御儿与其团队才能准确地把握住每一次难以预判的机会，并紧随热度快速实现成长。具体来说，御儿及其团队的成功可以从以下几个方面展开讨论。

1. 精准前瞻，为目标人设圈定用户群体

新快数据统计，在御儿 1747.9 万（截至 2021 年 3 月）的粉丝中，女性群体占比超过80%，原因是御儿的作品题材大多涉及甜宠、宫斗、古装等深受女性欢迎的热门元素。她的短剧作品均为以女性视角讲述女性感兴趣的话题，多改编自热门小说，这些热门小说原本便拥有较为庞大的女性粉丝群体。

改编这类作品的效果远比纯原创或改编传统IP好，不仅可以直接跳过"被发掘"和市场检验的过程，直接吸引小说粉丝关注，还能迅速跟上时下的女性观念，避免因内核价值"落后"而难以与目前的活跃用户共情。

御儿会做出这样的用户定位选择并不单纯为了迅速赢得关注，实际上还有更为长远的打算：女性群体拥有较强的消费力与更大的消费需求，且具有更广的发展空间。御儿及其团队最开始便确立了"古风短视频+直播带货美妆"的方向，因此从定位目标用户的时候便做好了为御儿"电商主播"身份圈定用户群体的打算。

御儿团队中的导演李磊表示："很多内容创作者向电商主播的转变都面临一道很大的坎，我们的解决方案就是强化御儿的电商主播人设。御儿在直播过程中会自己做一个古装造型，这个造型的实现过程，本身就是一个美妆产品的使用展示。"

如此一来，精美的展示效果引发了本就对古装与美妆感兴趣的用户的需求，"求同款"的心理让御儿接下来开启直播的选择变得顺理成章。

2. 专注与成长，为粉丝带来"IP养成"的体验

若仔细观察御儿的作品风格的演变过程，便能清晰地看到御儿的成长路径，从最开始简单的古风MV，到简单的段子模仿，最终到现在精致的古风短剧连载，御儿实现了从古风爱好者到快手古风短剧第一人的蜕变。

御儿后期的短剧作品服装、妆发、道具、场景都十分考究,包括演员们的演技、配音与剪辑都几乎不比正规影视剧差,许多作品由于看点密集,节奏紧凑,为用户带来了流畅连贯且沉浸感十足的体验,甚至被称作"脱水版网剧"。御儿团队甚至能有信心通过内容付费的方式进行变现,并收获23.1万的购买人次,如图5-23所示。

图5-23　御儿的付费古装视频

作品质量的蜕变过程,源于她与团队对视频内容专注且积极成长的态度,据御儿团队介绍,在编剧方面,团队不仅拥有二位专职编剧,还有30多位兼职编剧,其余岗位上的人员也保持较高的专业性。

用户会对优质内容更加忠诚,好的内容永远是吸粉的最佳手段,精美的制作与本就吸引人的反转剧情,使得"御儿"这个名字在所有关注这一领域内容的用户心中留下了"高品质"的印象，这个印象由于与"御儿"这一名字拥有强关联性，自然也可以延伸到直播带货的行为中。

而用户在收获优质作品的同时，还能收获"养成"体验，用户与御儿之间的联系则会进一步增强。

御儿的成长过程与成长结果使她与目标用户之间有了更深的联系，不再只是一个纯粹展示故事角色的"工具人"，而是形成了与用户存在情感联系的个人IP，这种转变正好弥补了剧情账号的局限性。

3. 用心选品，做粉丝的"排雷者"

在正式开启直播带货后，御儿团队也始终秉持朴素的带货方法论。

虽然在直播带货的热潮之下，许多快手运营者都纷纷走上了直播带货的变现之路，但"蜂拥而至"并不能拉低直播带货这件事本身的专业性。许多没有做好相关工作的快手运营者，即便本身已是拥有千万粉丝的达人，也可能收获寥寥。

御儿团队却没有忽视直播带货的专业性，在导演李磊看来，"我们的主播就是粉丝的探坑者和排雷者，这样粉丝才会对你的货品形成高度信任，进而复购"。他们通常会为选品花费大量的时间与精力，甚至向商家提出额外的试用要求，并时刻向关注自己的用户报告进度，从言到行都表现了十足的诚意，如图5-24所示。

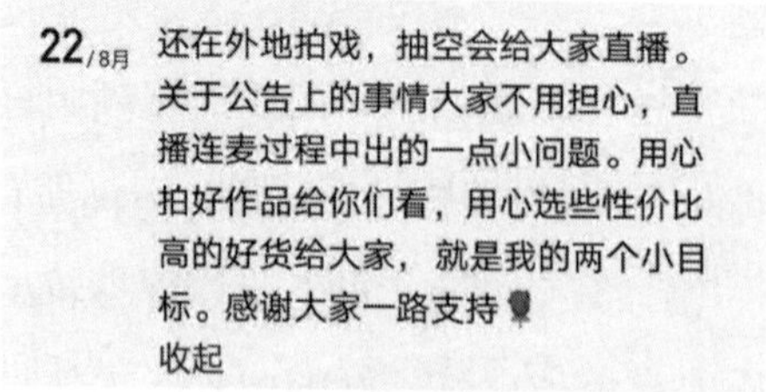

> **22**/8月 还在外地拍戏，抽空会给大家直播。关于公告上的事情大家不用担心，直播连麦过程中出的一点小问题。用心拍好作品给你们看，用心选些性价比高的好货给大家，就是我的两个小目标。感谢大家一路支持 👣
> 收起

图5-24 御儿某快手动态

4. 官方赋能，为优质运营者提供更大的进步空间

为了支持平台上的优质内容运营者，快手未曾停下对内容型达人变现模式的持续探索，并为此陆续推出了许多激励政策。快手MCN商学院计划便是一项重要内容，该计划采用"奖学结合"的模式，旨在激励内容型达人持续开播。

其中"奖"即为完成相关开播、带货任务的优质内容运营者提供流量奖励，表现优异的快手运营者可以持续获得相应的流量资源；"学"则是由快手MCN团队邀请专业人士分享直播带货经验，为MCN及优质运营者传授相关的方法论（见图5-25）。

图5-25 快手MCN商学院邀请的分享嘉宾

这些来自业内的分享嘉宾不仅能传授专业知识，还可以分享行业领域内的最新动向。御儿团队在2020年7月加入了快手MCN商学院计划的学习，在相关政策的扶持下实现了前文所提的8月9日那场精彩带货，并在8月10日达成4406万元的直播电商交易总额，完美打消众人对剧情号变现之路的怀疑。这不仅是御儿及其团队的新收获，更是对快手上剧情号变现思路的探索。

后　记

　　这本书的创作动机，来源于一场误打误撞看到的晚会。华丽时尚的舞台，大咖云集的阵容，让即便是对此类电视节目不太感兴趣的我也不由得多看了几眼。就是这几眼，让我讶异：这场充盈着年轻态与时尚感的晚会，竟是快手的主题晚会。

　　那些吸引着所有年轻人目光的元素，在快手的舞台上肆意绽放，许多快手达人也在舞台上卸下标签，让我看到了与印象中全然不同的风采。我忽然意识到，如今的快手身上似乎多了许多不同于以往的东西。

　　我也曾好奇过，快手是否只是跟风赚眼球，可当我认认真真梳理它这几年来走过的路时，却不由得心生感动。

　　它的确变了，可它又仿佛没变。

　　它仍然是那个坚持让每一个普通人享受短视频创作乐趣的快手，仍然是那个默默维持着平台流量多年如一日的平衡的快手。**在快手，每个人都值得被记录**。这早已不是一句简简单单的"口号"，它在快手多年如一日的坚守下，成为快手的"原则"。

　　它希望每一位用户都能在这个平台上找到自己的幸福感，收获理解与关注，甚至得到成长。也正是这种价值观，驱使它在市场的洪流中不断改进升级，同时保持住自己独特的优势——它的确更年轻、更时尚了，它也更贴近用户的生活了，所有的普通人在这里都可以找到自己的人生舞台。

　　也正因此，罗振宇才会说："快手是'连接者'——那些最难被互联网世界连接的人、最难被记录的人，因为短视频，被接入了这个时代。"

实际上，快手不仅是"连接者"，还是独特的"赋能者"。

用科技提升每个人独特的幸福感也是快手的产品愿景，通过人工智能技术，快手已经实现由机器进行视频理解、分析、定义与个性化分发，从而给用户带来良好的体验。这在行业中或许并不稀奇，可当我们着眼快手的用户群体时，便能感受到这份"赋能"的别样意义——它将科技带来的便利送达这片热土的每一个角落。

在这样的一个平台，有来自五湖四海的用户，通过直白且独具张力的短视频记录真实的生活，记录属于普通人的记忆，最终汇成的，是这个时代的独特记忆。

我迫不及待地想让更多的人理解它，加入它，最终实现自己的价值，于是我敲下了这本书的第一个字，第一句话……最终汇成现在的样子。

希望这份用心——我的用心，快手的用心，能让看到这本书的你相信用心的奇迹。